RISOTTO

LEO DOPPLERs
Lieblingsrezepte aus der Hansen-Küche

Fotografiert von Claudia Prieler

INHALT

Bevor es an den Herd geht: Darauf schau ich beim Einkaufen	6
Frische Kräuter sind mir bei meinen Rezepten wichtig	14
Der Käse macht den Risotto erst so richtig cremig	18
Der beste Reis für Risotto und warum Reis nicht gleich Reis ist	23
Warum ich beim Kochen besonders auf bestes Olivenöl & Salz achte	26
Mein Risotto-Basisrezept Hansen-Style	32

Klassisch — 44

Risotto mit Spargel und Zitronenmelisse	45
Risotto mit Pilzen	46
Grüner Risotto mit Petersilpesto	49
Roter Risotto mit roten Rüben	51
Rote-Rüben-Risotto mit Waller (Christian Domschitz)	52
Risotto mit Kürbis, Lauch und Kren	57

Kreativ — 60

Risotto mit Blauschimmelkäse und Quitte	61
Risotto mit Melone, Zitronengras und Sprossen	63
Risotto mit Kohlrabi und Wasabi	64
Risotto mit rotem Curry, Sprossen und Butterfisch	65
Risotto mit knusprigem Perlhuhn, rotem Curry und Mango	66
Risotto mit Birnen, Radicchio und Dolcelatte	68
Risotto mit Jungzwiebeln und Räucherlachs	69
Risotto mit Makrele, Ratatouille und Räucheröl	70
Risotto mit Fenchel und Manouri	72
Risotto mit Bärlauch und Garnelen	73
Risotto mit Birnen, Wasabi und Sushi-Thunfisch	74
Risotto mit Jakobsmuscheln und rosa Grapefruit	76
Risotto mit Bärlauch und Lachsforelle	78
Risotto mit gebratener Hühnerleber und Erbsen	80
Risotto mit Sardinen und Avocado (Christian Petz)	85
Risotto Nero mit geschmortem Oktopus und Chorizo	86
Risotto mit Erdnussbutter, Sprossengemüse und Sesamgarnelen	89
Risotto mit rosa Kalbsscheiben, Calvados und Pecannüssen	90
Risotto mit Schwarzwurzeln, Dörrpflaumen und Nüssen	92
Risotto mit Pfirsich und Minze	93
Risotto mit Vanille und schwarzer Trüffel	94
Risotto mit Safran und Meeresfrüchten	97

Risotto mit Gurke und Räucherforelle	98
Risotto mit Spitzpaprika, Taleggio und Zucchini	100
Risotto mit Radicchio, Orangen und Oliven	101
Risotto mit Portweinfond und geräucherter Entenbrust	103
Risotto mit geschmolzenen und getrockneten Paradeisern und Büffelmozzarella	104
Risotto mit Garnelen, Avocado und Chorizo	107
Basilikumrisotto mit gebeizter Lachsforelle	108
Risotto mit Algen, Ananas und Tempuramuscheln	110
Petersilrisotto mit Wachtelspiegelei und Betakarotten	113
Risotto mit gebratenem Gemüse und Ziegenkäse	114
Gemüserisotto mediterran mit Scamorza	116
Risotto mit Spargel und Lachstatar	117
Schwarzer Risotto mit gebratenem Tintenfisch und Paprika	118

Österreichisch 120

Gerührte Polenta mit Paprika und Lardo	121
Rollgerstl mit Steckrübe und konfiertem Eigelb	122
Cremiges Einkorn mit Wurzelgemüse, Speck und Bergkäse	125

Salate 128

Hansen's Salatdressing Klassik	129
Blattsalat mit Lemondressing und Gemüsechips	130
Sämiges Dressing mit Dijon-Senf und Honig	132
Asia-Dressing	132
Kräuterpestodressing	133

Zum Tagesstart 134

Porridge mit Äpfeln, Nüssen und Ingwer	135
„Schwarzalm" Frühstücksbrei	135
Hansen's Birchermüsli	136
Grießkoch mit marinierten Erdbeeren	137

Süßes 140

Mangopolenta mit gebackener Banane und Kokosschaum	141
Milchreis mit Apfel-Safran-Ragout	142
Weizengrießauflauf auf Trauben-Pecannuss-Ragout mit Proseccosabayon	145
Schokoladenreis mit Orangenragout	146

Register 148

BEVOR ES AN DEN HERD GEHT: DARAUF SCHAU ICH BEIM EINKAUFEN

In diesem Buch möchte ich Ihnen meine Lieblingsrezepte verraten, Sie mit klassischen, aber auch kreativ abgewandelten Risotti bekannt machen, Ihnen österreichische Varianten mit Einkorn und Rollgerstl vorstellen und natürlich Süßes nicht zu kurz kommen lassen. Ein paar Rezepte für zum Risotto passende Salate finden Sie hier ebenfalls. Was mir besonders wichtig ist: Lassen Sie sich von diesen Rezepten ermuntern, eigene Kreationen zu ersinnen und auszuprobieren!

ICH GEHE GERN AUF DEN MARKT UND LASSE MICH INSPIRIEREN!

Anders als in meinem Restaurant Hansen, das täglich mit frischen Produkten beliefert wird, genieße ich es privat, auf dem Markt einzukaufen. Koche ich für meine Familie oder meine Freunde, ist das für mich die perfekte Einstimmung auf ein geselliges Beisammensein.

Ich bin dann mit meinem Einkaufskorb unterwegs und gustiere nach Herzenslust. Zuerst kontrolliere ich nach optischen und haptischen Kriterien und – ganz wichtig – rieche an den Waren. So kann ich nicht nur sicher sein, die frischesten Lebensmittel auszusuchen, sondern genieße zudem das Marktflair mit allen Sinnen.

Hier lasse ich mich auch immer wieder zu neuen Rezepten und spannenden Variationen inspirieren. Ich sehe mir an, was frisch angeliefert worden ist und was besonders ins Auge sticht. Dann überlege ich mir, was sich gut kombinieren lässt.

Zum Risotto hatte ich immer eine besondere Beziehung. Seit es mein Restaurant Hansen gibt – und das ist seit 16 Jahren –, gibt es immer einen Risotto auf der Speisekarte. Ich mag Risotti einfach. Sie sind so vielseitig und abwechslungsreich – sie können in jede Geschmacksrichtung abgewandelt werden. Es gibt zahllose vegetarische Varianten, man kann sie aber auch wunderbar mit Fleisch, Fisch und Meeresfrüchten kombinieren. Ein Risotto ist gesund, glutenfrei und im Grunde genommen einfach zuzubereiten. Man muss nur darauf achten, dass er nicht zu weich wird. Er soll cremig und fließend sein und Biss haben.

Und hier die gute Nachricht für alle, die immer auch die Waage im Blick haben: Ein gut gemachter Risotto ist keinesfalls eine Kalorienbombe!

Viel Spaß beim Nachkochen!
Leo Doppler

FRISCHE KRÄUTER SIND MIR BEI MEINEN REZEPTEN WICHTIG

NICHT JEDER KANN SICH SEINEN KRÄUTERGARTEN SELBER ZIEHEN ...

... aber meist ist zumindest auf dem Fensterbrett Platz für zwei, drei Kräuterstauden. Schnittlauch, Petersilie und Basilikum habe ich daheim immer im Tontopf bereitstehen. Damit lassen sich selbst schnelle, einfache Snacks wie ein Butterbrot, eine Eierspeise oder ein Salat kulinarisch aufpeppen.

Mit getrockneten Kräutern werde ich nicht wirklich glücklich. Ich verwende sie so gut wie nie. Als Alternative zu frischen Kräutern empfehle ich tiefgefrorene. Frisch geschnitten, gewaschen, gut abgetrocknet und klein gehackt behalten sie ihr Aroma im Gefrierfach einige Monate und sind jederzeit einsatzbereit.

MEINE LIEBLINGSKRÄUTER

Schnittlauch besitzt sehr feine ätherische Öle und darf daher nie mitgekocht werden.

Petersilie ist eine wahre Vitaminbombe. Vitamine C, B und Kalium halten uns gesund.

Basilikum ist unschlagbar in der mediterranen Küche. Hochwertiges Olivenöl mit einigen frischen Blättern in einem Schraubglas ansetzen, einige Tage ziehen lassen – perfekt zu Paradeissalat und Pastagerichten.

Rosmarin hat zwar keinen sehr intensiven Geruch, ist dafür aber sehr kräftig im Geschmack. Ideal für Fleisch und auch zum Grillen. Ich mag ihn vor allem zu Braterdäpfeln.

Thymian schmeckt sehr kräftig, würzig und auch rauchig und sollte mitköcheln. Er enthält viel Eisen.

Majoran passt zu deftigen Speisen und besitzt frisch die Eigenschaft, Fett vorm Ranzigwerden zu bewahren.

Salbei hat durch sein intensives, fast medizinisch anmutendes Aroma eine sehr bestimmende Note, die sich heiß am besten entfaltet. Er wirkt, beispielsweise als Tee zubereitet, entzündungshemmend.

Koriander ist bei asiatischen und asiatisch inspirierten Gerichten sehr beliebt, durch seinen charakteristischen Eigengeschmack aber auch nicht jedermanns Sache.

DER KÄSE MACHT DEN RISOTTO ERST SO RICHTIG CREMIG

PARMESAN ODER GRANA PADANO: WELCHEN NEHME ICH FÜR RISOTTO?

Diese Frage wird mir immer wieder gestellt. Ich mache keine Glaubensfrage daraus. Beide eignen sich bestens und es bleibt der persönlichen Vorliebe überlassen, zu welchem man greift.

Sowohl der Grana Padano als auch der Parmigiano Reggiano sind norditalienische Hartkäse mit einer sehr langen Geschichte. Den Grana Padano gibt es seit dem 12. Jahrhundert, er stammt aus der Region der Poebene. Der Parmesan hat seinen Ursprung im 14. Jahrhundert und nur gewisse Provinzen (Parma, Reggio Emilia, Modena, Bologna und Mantua) sind unter strengen Qualitätskriterien zur Herstellung berechtigt.

Qualitätsmerkmal für beide sind die Salzkristalle im Käse und die brüchig-körnige Struktur. Sogar die Rinde ist essbar, allerdings ist sie sehr zäh und hart und daher höchstens für Suppen geeignet. Beide sind in verschiedenen Reifegraden erhältlich. Bis zu 12 Monaten gereift gelten sie als frisch, eine mittlere Reife haben sie mit 12 bis 18 Monaten erreicht, als lange gereift gelten sie von 18 bis 24 Monaten. Parmesan reift sogar bis zu 6 Jahre lang. Im Kühlschrank halten sie sich in ein Baumwolltuch gewickelt länger frisch. Verwenden Sie keine Plastikdosen. Es sammelt sich Feuchtigkeit in den Dosen, was den Käse schnell schimmeln lässt.

DIE UNTERSCHIEDE:

Parmesan:
Vom Geschmack her ist Parmigiano der intensivere, salzigere Käse.

Bei der Herstellung des Parmesan darf nur Milch von Kühen verwendet werden, die ausschließlich silofrei mit Gras oder Heu gefüttert wurden.

Ein nicht unerheblicher Unterschied ist auch der Preis. Der Parmesan, oder Parmigiano Reggiano, ist durch die Auflagen bei der Milch der teurere.

Grana Padano:
Geschmacklich ist der Grana Padano etwas weicher und milder.

Den Kühen, die die Milch für den Grano Padano liefern, darf neben Gras und Heu auch Silage verfüttert werden.

Der Grana Padano ist eindeutig die preisgünstigere Alternative. Entscheidungskriterium sollte aber der persönliche Geschmack sein.

DER BESTE REIS FÜR DEN RISOTTO UND WARUM REIS NICHT GLEICH REIS IST

BEIM REIS KANN MAN NICHTS FALSCH MACHEN, ODER?

Solange man speziellen Risottoreis verwendet, kann man tatsächlich nichts falsch machen. Denn erst durch die richtige Reiswahl werden Sie die schön cremig-bissfeste Konsistenz des Risottos hinkriegen. Risottoreis hat ganz besondere Eigenschaften: Er besteht aus rundlichen Körnern und hat einen hohen Stärkegehalt.

Dabei handelt es sich um einen sogenannten Mittelkornreis, der im Vergleich zum herkömmlichen Reis viel kürzer und dicker ist. Durch die runde Form wird der Reis gleichmäßig gar, und die Stärke verleiht dem Risotto seine Sämigkeit. Auf keinen Fall darf man den Reis vor der Zubereitung waschen, da so die Stärke vom Reis gespült wird. Die Cremigkeit ist dann dahin.

Die besten Reissorten für Risotto wachsen bei Novara im Piemont. Generell unterscheidet man bei allen Risottosorten drei Qualitätsstufen: semifino, das kleinste Korn, fino und superfino, das größte. Fino und superfino eignen sich meiner Meinung nach am besten fürs Risotto, weil die Körner die Flüssigkeit aufsaugen und trotzdem ihre Form behalten.

Zu den bekanntesten Sorten gehören Vialone, Razza und Arborio. Letzerer wird am meisten exportiert und ist deshalb außerhalb Italiens am leichtesten erhältlich. Probieren Sie auch unbedingt die Sorten Carnaroli – ein strahlend weißer Reis – und meinen Favoriten, den vor allem auch unter Feinschmeckern sehr beliebten Vialone. Der Vialone Nano ist meiner Meinung nach die beste Sorte.

DIE BESTEN REISSORTEN

Arborio: Bei diesem Reis liegt die meiste Stärke direkt unter dem Mantel, wodurch das Ergebnis klebrig und sehr dicht ausfällt. Die Körner können aber schnell ihre Form verlieren, und dann besteht Matschgefahr.

Vialone Nano (mein persönlicher Favorit): Bei dieser Sorte sitzt die Stärke tief im Inneren des Korns. So kann dieser Reis sehr viel Flüssigkeit in sich aufnehmen ohne seine Form zu verlieren. Beim Kochen wird er außen glasig, das Innere gleicht eher einer Perle. Er findet vor allem bei robusten Risotti Verwendung, deren Hauptbestandteil feste Zutaten sind, wie Gemüse oder Fleisch.

Carnaroli: Dieser Reis hat ein eher dünnes und langes Korn und ist wesentlich leichter und stärkehaltiger als der Vialone Nano. Bei ihm sitzt die Stärke gut verteilt im ganzen Korn, was ihn beim Kochen fast ganz durchscheinend werden lässt. Der Risotto wird mit ihm sehr cremig, da er durch seine spezifischen Eigenschaften die Flüssigkeit besser als andere Sorten aufnehmen kann.

WARUM ICH BEIM KOCHEN BESONDERS AUF BESTES OLIVENÖL & SALZ ACHTE

HOCHWERTIG UND PUR MUSS ES VOR ALLEM SEIN!

Bei meinen Basics wie Öl und Salz mag ich es vor allem hochwertig und puristisch. Olivenöl ist fast immer dabei, meist in nativer, also naturbelassener Form. In Ausnahmefällen, wie etwa zur Intensivierung des Eigengeschmacks von bestimmten Speisen, nehme ich auch mit frischen Kräutern angesetztes Öl. Und manchmal auch Räucheröl.

Bei den Salzen verwende ich sowohl Meer- als auch Steinsalz, nehme aber nie aromatisiertes Salz. Zum einen mag ich keine getrockneten Kräuter, die oft Bestandteil von aromatisierten Salzen sind, zum anderen sehe ich auch keinen geschmacklichen Vorteil. Da setze ich lieber auf Salz mit besonderer Struktur. Das flockige Maldon-Salz finde ich hervorragend zu Steak und Fisch, Fleur de Sel nehme ich gerne zu Gemüse, wobei diese hochwertigen Salze nie mitgekocht werden, sondern den fertigen Speisen zur Abrundung dienen.

MEINE BEVORZUGTEN ÖLE:

Olivenöl: Hochwertiges natives Olivenöl – mein bevorzugtes kommt aus Griechenland – verwende ich am häufigsten. Wenn ich Fische anbrate, mische ich es mit Butter.

Erdnussöl und Maiskeimöl verwende ich hauptsächlich bei Fleisch, zum Anbraten und zum Frittieren. Diese Öle verlieren auch bei extremer Hitze weder an Geschmack noch an Qualität.

Räucheröl: Das ist ein ganz spezielles Öl mit dem charakteristischen Räucheraroma. Es kommt ganz am Schluss beim Anrichten dazu und ist das Tüpfelchen auf dem i. Besonders fein schmeckt es bei Gerichten mit Fisch und Gemüse.

AUSSERGEWÖHNLICHE SALZE:

Maldon-Salz: Aus der Stadt Maldon an der englischen Nordseeküste kommt dieses ungewöhnliche Salz, für das Meerwasser eingedampft wird, wodurch die außergewöhnliche, pyramidenförmige Struktur des Salzes entsteht, die ihm eine besonders feste, knusprige Konsistenz verleiht.

Fleur de Sel ist das edelste und teuerste Meersalz. Durch die Verdunstung des Meerwassers entstehen in speziellen Becken an der Wasseroberfläche kleine Salzblumen, die von Hand mit einer Holzkelle abgeschöpft und getrocknet werden.

Himalaya-Salz ist ein Steinsalz, das seine rosa Farbe dem enthaltenen Eisenoxid verdankt und vor allem optische Vorzüge besitzt.

EINFACH ZUM NACHMACHEN: MEIN RISOTTO-BASISREZEPT HANSEN-STYLE

RISOTTO BASISREZEPT

 ## ZUTATEN FÜR 4 PERSONEN

- 250 g Risottoreis (vorzugsweise die Sorte Vialone Nano)
- 2 größere Jungzwiebeln
- 1 l Gemüsefond
- **ein Schuss** Weißwein
- 60 g Grana Padano oder Parmesan, gerieben
- 80 g Butter
- 2–3 EL Olivenöl
- Salz und Pfeffer aus der Mühle

 ## VORBEREITUNG

Den grünen Teil der Jungzwiebeln entfernen, den weißen Teil in feine Würfel schneiden. In einem Topf Olivenöl leicht erhitzen.

Jungzwiebeln zugeben und kurz glasig anschwitzen. Den Risottoreis einrühren und mit Weißwein ablöschen, etwas Gemüsefond zugießen. Unter ständigem Rühren den Reis beinahe halbfertig kochen, bei Bedarf immer wieder mit Gemüsefond aufgießen. Der Risotto soll immer knapp mit Flüssigkeit bedeckt sein. Wenn das Reiskorn auf die doppelte Größe aufgequollen ist – nach ca. 10 Minuten –, den noch körnigen Risotto auf ein Blech (ca. 2 bis 3 cm hoch) aufstreichen und kühl stellen. Der Reis ist so 1 bis 2 Tage ohne Weiteres im Kühlschrank haltbar. Man hat damit einen enormen Zeitgewinn bei der Fertigstellung.

 ## ZUBEREITUNG

Den Reis in einem Topf unter Zugabe von Gemüsefond wieder anwärmen. Wenn der Reis beinahe al dente (bissfest) ist, die Butter und den Parmesan beimengen. Unter Beigabe des Gemüsefonds den Risotto fertigstellen, bis er eine leicht cremige Konsistenz erreicht hat.

 Der Risotto legt sich sehr leicht am Boden des Topfes an. Man muss wirklich ständig rühren! Je nach Beschaffenheit des Reises beträgt die gesamte Kochdauer etwas weniger als eine halbe Stunde.

Ich verrate Ihnen hier mein persönliches Rezept für einen kräftigen Gemüsefond, der die ideale Grundlage für die meisten Risotti bildet. Natürlich kann je nach persönlichen Vorlieben und vorhandenen Zutaten auch Fisch-, Huhn- oder Kalbsfond verwendet werden.

MEIN GEMÜSEFOND

ZUTATEN FÜR EINEN LITER FOND

- 2 Zwiebeln, klein gewürfelt
- 1 Fenchelknolle
- 3 mittelgroße Karotten, geschält
- 3 Stangen Sellerie
- 1 Stange Lauch, geschnitten
- 150 g Champignons
- 2 Zweige Thymian
- 2 Lorbeerblätter
- einige Petersilstängel
- 2 Gewürznelken
- 200 ml trockener Weißwein
- einige schwarze Pfefferkörner
- 3 Knoblauchzehen
- 5 EL Olivenöl
- Salz
- 150 ml Wasser

ZUBEREITUNG

Zwiebeln in Olivenöl glasig anschwitzen. Das Gemüse grob schneiden, zu den Zwiebeln geben und mitrösten. Danach Knoblauch, Kräuter, Pfefferkörner, Gewürznelken und Lorbeerblätter ebenfalls dazugeben, kurz anrösten, mit Weißwein ablöschen und mit Wasser aufgießen.

Etwa 1 Stunde bei schwacher Hitze köcheln lassen. Mit Salz abschmecken und durch ein feines Sieb geben.

TIPP Der Gemüsefond lässt sich sehr gut einfrieren, er hält sich aber auch im Kühlschrank ca. 1 Woche.

SÜSSES

SALAT

ZUM TAGESSTART

KREATIV

KLASSISCH 🍴

ÖSTERREICHISCH

RISOTTO MIT SPARGEL UND ZITRONENMELISSE

 ## ZUTATEN FÜR 4 PERSONEN

♛ 250 g Risottoreis ♛ 2 größere Jungzwiebeln ♛ 1 l Gemüsefond ♛ ein Schuss Weißwein ♛ 60 g Grana Padano oder Parmesan, gerieben ♛ 80 g Butter ♛ 2–3 EL Olivenöl ♛ Salz und Pfeffer aus der Mühle ♛ 750 g Spargel, weiß und grün gemischt ♛ 1 Bund Zitronenmelisse, fein geschnitten

 ## VORBEREITUNG

Weißen Spargel schälen, vom grünen und vom weißen Spargel die Enden abschneiden. Getrennt in wenig gesalzenem Wasser bissfest kochen, der weiße Spargel braucht etwas länger. Kalt abschrecken, in 1,5 cm lange Stücke schneiden.

Risotto entsprechend dem Basisrezept zubereiten.

 ## ZUBEREITUNG

Den noch körnigen Reis vom Basisrezept direkt weiterverarbeiten oder den vorbereiteten vom Blech nehmen und in einem Topf unter Zugabe von Gemüsefond wieder anwärmen. So lange köcheln lassen, bis der Reis beinahe al dente (bissfest) ist. Den Spargel, den Käse und die Butter nach und nach beimengen. Unter Beigabe des Gemüsefonds den Risotto fertigstellen, bis er eine leicht cremige Konsistenz erreicht hat. Kurz vor dem Servieren mit frisch gehackter Melisse vollenden.

RISOTTO MIT PILZEN

 ## ZUTATEN FÜR 4 PERSONEN

🍄 **250 g** Risottoreis 🍄 **2** größere Jungzwiebeln 🍄 **1 l** Gemüsefond 🍄 **ein Schuss** Weißwein 🍄 **60 g** Grana Padano oder Parmesan, gerieben 🍄 **100 g** Butter 🍄 **2–3 EL** Olivenöl 🍄 Salz und Pfeffer aus der Mühle 🍄 **200 g** Eierschwammerln oder andere Pilze nach Saison, grob geschnitten 🍄 **1 Bund** Petersilie, fein gehackt

---

 ## VORBEREITUNG

Risotto entsprechend dem Basisrezept zubereiten.

Die Pilze in heißer Butter oder Olivenöl sautieren und beiseitestellen.

 ## ZUBEREITUNG

Den noch körnigen Reis vom Basisrezept direkt weiterverarbeiten oder den vorbereiteten vom Blech nehmen und in einem Topf unter Zugabe von Gemüsefond wieder anwärmen. So lange köcheln lassen, bis der Reis beinahe al dente (bissfest) ist. Die Pilze, den Käse und die Butter nach und nach dazugeben. Unter Beigabe des Gemüsefonds den Risotto fertigstellen, bis er eine leicht cremige Konsistenz erreicht hat. Kurz vor dem Servieren mit frischer Petersilie vollenden.

 Eine fruchtig harmonierende Note bekommt das Risotto, wenn man beim Fertigstellen noch einen würfelig geschnittenen Apfel oder eine Birne beigibt!

GRÜNER RISOTTO MIT PETERSIL-PESTO

ZUTATEN FÜR 4 PERSONEN

♛ 250 g Risottoreis ♛ 2 größere Jungzwiebeln ♛ 250 g Petersilwurzeln ♛ 1 l Gemüsefond ♛ ein Schuss Weißwein ♛ 60 g Grana Padano oder Parmesan, gerieben ♛ 40 g Butter ♛ 2–3 EL Olivenöl ♛ Salz und Pfeffer aus der Mühle

Für das Pesto: ♛ 150 g Petersilie ♛ ⅛ l Olivenöl ♛ Meersalz

VORBEREITUNG

Pesto: Die Petersilie waschen und abzupfen. Die Hälfte der Petersilblätter kurz in kochendem Wasser blanchieren, mit kaltem Wasser abschrecken und mit der restlichen Petersilie klein hacken. In einen Mixbecher geben und mit dem Olivenöl und Meersalz zu einem feinen Pesto mixen.

Die Petersilwurzeln schälen, in kleine Würfel schneiden und ebenfalls blanchieren.

Risotto entsprechend dem Basisrezept zubereiten.

ZUBEREITUNG

Den noch körnigen Reis vom Basisrezept direkt weiterverarbeiten oder den vorbereiteten vom Blech nehmen und in einem Topf unter Zugabe von Gemüsefond wieder anwärmen. So lange köcheln lassen, bis der Reis beinahe al dente (bissfest) ist. Die Petersilwurzeln, die Butter, den geriebenen Käse und das Pesto beimengen. Unter Beigabe des Gemüsefonds den Risotto fertigstellen, bis er eine leicht cremige Konsistenz erreicht hat.

ROTER RISOTTO MIT ROTEN RÜBEN

 ## ZUTATEN FÜR 4 PERSONEN

♛ 250 g Risottoreis ♛ 2 größere Jungzwiebeln ♛ ½ l Gemüsefond ♛ **ein Schuss** Weißwein ♛ 60 g Grana Padano oder Parmesan, gerieben ♛ 80 g Butter ♛ 2–3 EL Olivenöl ♛ Salz und Pfeffer aus der Mühle ♛ 500 g rote Rüben ♛ ½ l Rote-Rüben-Saft aus dem Reformhaus ♛ **Meersalz** ♛ 2 EL Honig

 ## VORBEREITUNG

Risotto entsprechend dem Basisrezept zubereiten.

Die roten Rüben in Salzwasser weich kochen, schälen und in gleichmäßige Würfel schneiden.

Den Rote-Rüben-Saft mit Honig und ein wenig Meersalz auf die Hälfte einkochen.

 ## ZUBEREITUNG

Den noch körnigen Reis vom Basisrezept direkt weiterverarbeiten oder den vorbereiteten vom Blech nehmen und in einem Topf unter Zugabe von Gemüsefond wieder anwärmen. So lange köcheln lassen, bis der Reis beinahe al dente (bissfest) ist. Die Butter sowie die gewürfelten roten Rüben, den Rote-Rüben-Saft und den Käse beimengen. Unter Beigabe des Gemüsefonds den Risotto fertigstellen, bis er eine leicht cremige Konsistenz erreicht hat.

 ## ANRICHTEN

Als besonderen Kick kann man noch frisch gerissenen Kren drüberstreuen!

ROTE-RÜBEN-RISOTTO MIT WALLER

**Von Christian Domschitz,
Restaurant Vestibül**

 ## ZUTATEN FÜR 4 PERSONEN

- 250 g Risottoreis
- 4 EL Olivenöl
- ¼ l Rote-Rüben-Saft
- ¼ l Portwein
- ca. 2 EL roter Beerenessig
- 1 Lorbeerblatt
- 2 Wacholderbeeren
- 4 Pfefferkörner
- 1 Zwiebel
- 2 kleine rote Rüben
- eine Prise Salz, Zucker, Kümmel
- 2 EL Hesperidenessig
- 750 ml Gemüsefond
- 200 g frischer Waller, groß gewürfelt
- 200 g geräucherter Waller, klein gewürfelt
- 2 EL geröstete Sonnenblumenkerne
- 1 TL Sonnenblumenöl und Meersalz

 ## VORBEREITUNG

Das Lorbeerblatt, die Wacholderbeeren, die Pfefferkörner und den Kümmel zusammen mit dem Rote-Rüben-Saft und dem Portwein auf ¼ l einreduzieren und abseihen.

Die roten Rüben mit Salz, Zucker, Hesperidenessig und Wasser weich kochen. Schälen, in Würfel schneiden und der fertigen Reduktion beigeben.

Inzwischen die Sonnenblumenkerne in einer trockenen Pfanne anrösten, wenn diese schön braun sind, ein paar Tropfen Sonnenblumenöl beifügen und mit Meersalz abschmecken.

 ## ZUBEREITUNG

Die Zwiebel fein schneiden und in Olivenöl glasig anschwitzen. Reis beifügen und mitschwitzen, mit dem heißen Gemüsefond bedecken und unter ständigem Rühren langsam weich kochen. Wenn der Reis halbfertig ist, die Reduktion beifügen und zu einer sämigen Konsistenz kochen.

In den Risotto zuerst den rohen und anschließend den geräucherten Waller vorsichtig einrühren. Mit Salz, Olivenöl und Beerenessig abschmecken, zum Schluss mit den gerösteten Sonnenblumenkernen bestreuen.

ZUTATEN FÜR 4 PERSONEN

🜲 **250 g** Risottoreis 🜲 **1 kleine** Zwiebel, feinst geschnitten
🜲 **1 l** Gemüsefond 🜲 **ein Schuss** Weißwein 🜲 **60 g** Grana Padano
oder Parmesan, gerieben 🜲 **80 g** Butter 🜲 **2–3 EL** Olivenöl 🜲 Salz
und Pfeffer aus der Mühle 🜲 **1 kleiner Bund** Petersilie, fein gehackt
🜲 **250 g** Hokkaidokürbis 🜲 **1 TL** Kurkuma oder Curry
🜲 **3 Zweige** Thymian 🜲 **½ Stange** Junglauch, in feine Streifen
geschnitten 🜲 **1 Handvoll** Bio-Kürbiskerne 🜲 **4 TL** Kürbiskernöl
🜲 Kren nach Geschmack

RISOTTO MIT KÜRBIS, LAUCH UND KREN

 ## VORBEREITUNG

Zwiebel in Olivenöl glasig anschwitzen. Reis beigeben, durchrühren und mit Weißwein ablöschen, mit etwas Gemüsesuppe auffüllen. Bei kleiner Hitze köcheln lassen, dabei ständig rühren, nach und nach Suppe beigeben (immer nur so viel Flüssigkeit zugeben, dass der Reis gerade bedeckt ist). Den noch körnigen Risotto gegebenenfalls auf ein Blech (ca. 2 bis 3 cm hoch) aufstreichen und kühl stellen oder gleich weiterverarbeiten.

Den Kürbis in ca. 1,5 cm große Würfel schneiden und mit Kurkuma, Thymian, Meersalz und Olivenöl im Backrohr bei 180°C ca. 15 Minuten bissfest schmoren. Die Kürbiskerne mit Meersalz in Butter kross anbraten und dann grob mörsern.

 ## ZUBEREITUNG

Reis in einem Topf unter Zugabe von etwas Gemüsesuppe wieder anwärmen. Lauch und Kürbis beigeben und so lange köcheln, bis der Reis al dente (bissfest) ist. Bei Bedarf immer wieder mit etwas Gemüsesuppe auffüllen. Dann Butter und Grana einrühren und die Petersilie dazugeben. Mit Salz und Pfeffer würzen.

 ## ANRICHTEN

Risotto gleichmäßig in tiefen Tellern anrichten, mit Kernöl beträufeln und mit frisch geriebenem Kren und den Kürbiskernen bestreuen.

SÜSSES

SALAT

ZUM TAGESSTART

KREATIV

KLASSISCH

ÖSTERREICHISCH

RISOTTO MIT BLAUSCHIMMELKÄSE UND QUITTE

ZUTATEN FÜR 4 PERSONEN

- 250 g Risottoreis
- 2 größere Jungzwiebeln
- 1 l Gemüsefond
- ein Schuss Weißwein
- 40 g Grana Padano oder Parmesan, gerieben
- 60 g Butter
- Olivenöl
- Salz und Pfeffer aus der Mühle
- 500 g Quitte
- 50 g Blauschimmelkäse
- 2 EL Zucker
- 1/8 l Apfelsaft
- ein Zweig Thymian
- 1 Lorbeerblatt
- Meersalz
- 1 EL Zitronensaft

VORBEREITUNG

Die Quitte schälen und in 5 mm große Würfel schneiden. Zucker in einem Topf etwas karamellisieren und mit Apfelsaft ablöschen. Die Quittenwürfel, Thymian und das Lorbeerblatt dazugeben und zu einem sämigen Kompott einkochen. (Die Quitte sollte noch etwas Biss haben.)

Risotto entsprechend dem Basisrezept zubereiten.

ZUBEREITUNG

Den noch körnigen Reis vom Basisrezept direkt weiterverarbeiten oder den vorbereiteten vom Blech nehmen und in einem Topf unter Zugabe von Gemüsefond wieder anwärmen. Wenn der Reis beinahe al dente (bissfest) ist, den Blauschimmelkäse, die Butter und den geriebenen Käse beimengen. Unter Beigabe des Gemüsefonds den Risotto fertigstellen, bis er eine leicht cremige Konsistenz erreicht hat.

ANRICHTEN

Risotto in tiefen Tellern anrichten, das Quittenkompott mittig darauf geben.

RISOTTO MIT MELONE, ZITRONENGRAS UND SPROSSEN

 ## ZUTATEN FÜR 4 PERSONEN

♛ 250 g Risottoreis ♛ 2 größere Jungzwiebeln ♛ 2 Schalotten ♛ 1 l Gemüsefond ♛ ein Schuss Weißwein ♛ 60 g Grana Padano oder Parmesan, gerieben ♛ 80 g Butter ♛ 2–3 EL Olivenöl ♛ Salz und Pfeffer aus der Mühle ♛ 2 Limettenblätter ♛ 4 Stangen Zitronengras, klein geschnitten ♛ 1 EL Zitronenöl (aus dem Reformhaus) ♛ ½ Zuckermelone ♛ 150 g Sojasprossen ♛ 2 EL brauner Zucker

 ## VORBEREITUNG

Zitronengrasfond: Schalotten fein schneiden und in etwas Zitronenöl anschwitzen, klein geschnittenes Zitronengras zugeben und mit Weißwein ablöschen, reduzieren lassen. Limettenblätter dazugeben, mit Gemüsefond aufgießen. Einmal aufkochen lassen und mindestens 2 Stunden ziehen lassen. Den Fond durch ein Sieb abseihen.

Den grünen Teil der Jungzwiebeln entfernen, den weißen Teil in feine Würfel schneiden. In einem Topf Olivenöl leicht erhitzen. Jungzwiebeln zugeben, kurz glasig anschwitzen, Risottoreis einrühren und mit Weißwein ablöschen. Etwas Zitronengrasfond zugießen. Unter ständigem Rühren den Reis beinahe halbfertig kochen, bei Bedarf immer wieder mit Fond aufgießen. Den noch körnigen Risotto gegebenenfalls auf ein Blech (ca. 2 bis 3 cm hoch) aufstreichen und kühl stellen oder gleich weiterverarbeiten.
Die Melone in Würfel schneiden. Die Hälfte der Melonenwürfel und der Sprossen in Butter und Zucker kurz glasieren. Lauwarm halten und beiseite stellen.

 ## ZUBEREITUNG

Den Reis in einem Topf unter Zugabe des Fonds wieder anwärmen. Wenn der Reis beinahe al dente (bissfest) ist, die Butter, die restlichen Melonenwürfel, die restlichen Sprossen und den Käse beimengen. Unter Beigabe des Zitronengrasfonds den Risotto fertigstellen, bis er eine leicht cremige Konsistenz hat.

 ## ANRICHTEN

Den Risotto in einem tiefen Teller anrichten und die glasierte Melonen-Sprossen-Mischung darauf verteilen.

KREATIV 63

RISOTTO MIT KOHLRABI UND WASABI

 ZUTATEN FÜR 4 PERSONEN

🌸 **250 g** Risottoreis 🌸 **2 größere** Jungzwiebeln 🌸 **1 l** Gemüsefond 🌸 **ein Schuss** Weißwein 🌸 **60 g** Grana Padano oder Parmesan, gerieben 🌸 **80 g** Butter 🌸 **2–3 EL** Olivenöl 🌸 **Salz und Pfeffer aus der Mühle** 🌸 **1 EL** Wasabipaste 🌸 **1 Stück** Kohlrabi, in Würfel geschnitten und blanchiert 🌸 **einige Zweige** Petersilie, fein geschnitten 🌸 **einige Zweige** Koriandergrün, fein geschnitten 🌸 **eventuell ein kleines Stück** Ingwer

 VORBEREITUNG

Kohlrabi schälen, würfeln und blanchieren. Risotto entsprechend dem Basisrezept zubereiten.

 ZUBEREITUNG

Den noch körnigen Reis vom Basisrezept direkt weiterverarbeiten oder den vorbereiteten vom Blech nehmen und in einem Topf unter Zugabe von Gemüsefond wieder anwärmen. Wenn der Reis beinahe al dente (bissfest) ist, Kohlrabiwürfel, Käse und Butter nach und nach dazugeben. Mit Petersilie, Koriander, geriebenem Ingwer, Salz und Pfeffer aus der Mühle abschmecken.

Unter Beigabe des Gemüsefonds den Risotto fertigstellen, bis er eine leicht cremige Konsistenz erreicht hat.

 ANRICHTEN

Risotto in tiefen Tellern anrichten.

RISOTTO MIT ROTEM CURRY, SPROSSEN UND BUTTERFISCH

 ## ZUTATEN FÜR 4 PERSONEN

♛ 250 g Risottoreis ♛ 2 größere Jungzwiebeln ♛ 1 l Gemüsefond ♛ ein Schuss Weißwein ♛ 60 g Grana Padano oder Parmesan, gerieben ♛ 80 g Butter ♛ 2–3 EL Olivenöl ♛ Salz und Pfeffer aus der Mühle ♛ 2 EL rote Currypaste ♛ 100 g Sprossenmix ♛ 200 g Butterfisch, in Scheiben geschnitten

 ## VORBEREITUNG

Risotto entsprechend dem Basisrezept zubereiten.

 ## ZUBEREITUNG

Die rote Currypaste in Öl anschwitzen und mit Gemüsefond aufgießen. Den noch körnigen Reis vom Basisrezept direkt weiterverarbeiten oder den vorbereiteten vom Blech nehmen und in einem Topf unter Zugabe von mit rotem Curry versetztem Gemüsefond wieder anwärmen. Wenn der Reis beinahe al dente (bissfest) ist, Sprossen, Käse und Butter nach und nach dazugeben. Mit Salz und Pfeffer aus der Mühle abschmecken.

 ## ANRICHTEN

Risotto in tiefen Tellern anrichten, rohe Butterfischscheiben dekorativ drauflegen.

RISOTTO MIT KNUSPRIGEM PERLHUHN, ROTEM CURRY UND MANGO

 ## ZUTATEN FÜR 4 PERSONEN

⚜ 250 g Risottoreis ⚜ 2 größere Jungzwiebeln ⚜ 1 l Gemüsefond ⚜ ein Schuss Weißwein ⚜ 60 g Grana Padano oder Parmesan, gerieben ⚜ 80 g Butter ⚜ Sesamöl ⚜ Salz und Pfeffer aus der Mühle ⚜ 2 Perlhuhnbrüste (oder auch vom Landhendl) ⚜ 2 EL rote Currypaste ⚜ 1 reife Mango, eine Hälfte in Würfel, die andere in Streifen geschnitten ⚜ 100 g Sojasprossen ⚜ 125 g Tempuramehl vom Asia-Shop ⚜ 175 ml kaltes Wasser ⚜ 500 ml Erdnussöl zum Frittieren

 ## VORBEREITUNG

Tempuramehl mit kaltem Wasser zu einem glatten Teig rühren. Die Perlhuhnbrust in dünne Streifen schneiden und mit Meersalz und Pfeffer würzen. Durch den Teig ziehen und im heißen Erdnussöl knusprig herausbacken. Mit Küchenkrepp trocken tupfen und warm stellen.

Risotto entsprechend dem Basisrezept zubereiten.

 ## ZUBEREITUNG

Den noch körnigen Reis vom Basisrezept direkt weiterverarbeiten oder den vorbereiteten vom Blech nehmen und in einem Topf unter Zugabe von Gemüsefond wieder anwärmen. Wenn der Reis beinahe al dente (bissfest) ist, die Butter, die Mangowürfel, die Sprossen und den Käse beimengen. Unter Beigabe des Gemüsefonds den Risotto fertigstellen, bis er eine leicht cremige Konsistenz erreicht hat.

 ## ANRICHTEN

Den Risotto in tiefen Tellern anrichten, die knusprigen Perlhuhnstücke und die Mangostreifen darüber verteilen.

RISOTTO MIT BIRNEN, RADICCHIO UND DOLCELATTE

 ## ZUTATEN FÜR 4 PERSONEN

✤ 250 g Risottoreis ✤ 2 größere Jungzwiebeln ✤ 1 l Gemüsefond ✤ ein Schuss Weißwein ✤ 50 g Grana Padano oder Parmesan, gerieben ✤ 60 g Butter ✤ 2–3 EL Olivenöl ✤ Salz und Pfeffer aus der Mühle ✤ eine Handvoll Radicchio, grob geschnitten ✤ 2 Birnen, geschält und gewürfelt ✤ 50 g Dolcelatte

 ## VORBEREITUNG

Risotto entsprechend dem Basisrezept zubereiten.

 ## ZUBEREITUNG

Den noch körnigen Reis vom Basisrezept direkt weiterverarbeiten oder den vorbereiteten vom Blech nehmen und in einem Topf unter Zugabe von Gemüsefond wieder anwärmen. Wenn der Reis beinahe al dente (bissfest) ist, die gewürfelten Birnen, den Radicchio, den Dolcelatte, den Grana bzw. Parmesan und die Butter nach und nach beimengen. Unter Beigabe des Gemüsefonds den Risotto fertigstellen, bis er eine leicht cremige Konsistenz erreicht hat.

RISOTTO MIT JUNGZWIEBELN UND RÄUCHERLACHS

 ## ZUTATEN FÜR 4 PERSONEN

✣ 250 g Risottoreis ✣ 4 Jungzwiebeln ✣ 1 l Gemüsefond ✣ ein Schuss Weißwein ✣ 60 g Grana Padano oder Parmesan, gerieben ✣ 80 g Butter ✣ 2–3 EL Olivenöl ✣ Salz und Pfeffer aus der Mühle ✣ 200 g Räucherlachs, fein geschnitten

 ## VORBEREITUNG

Risotto entsprechend dem Basisrezept zubereiten.

 ## ZUBEREITUNG

Den noch körnigen Reis vom Basisrezept direkt weiterverarbeiten oder den vorbereiteten vom Blech nehmen und in einem Topf unter Zugabe von Gemüsefond wieder anwärmen. Wenn der Reis beinahe al dente (bissfest) ist, die Butter, den Parmesan und die restlichen Jungzwiebeln klein schneiden und untermischen. Unter Beigabe des Gemüsefonds den Risotto fertigstellen, bis er eine leicht cremige Konsistenz erreicht hat.

 ## ANRICHTEN

Den Lachs in die vorgewärmten, tiefen Teller legen und das Risotto darüber anrichten.

RISOTTO MIT MAKRELE, RATATOUILLE UND RÄUCHERÖL

 ## ZUTATEN FÜR 4 PERSONEN

⚜ 250 g Risottoreis ⚜ 2 größere Jungzwiebeln ⚜ 1 l Gemüsefond ⚜ ein Schuss Weißwein ⚜ 60 g Grana Padano oder Parmesan, gerieben ⚜ 80 g Butter ⚜ 2–3 EL Olivenöl ⚜ Salz und Pfeffer aus der Mühle ⚜ 4 mittelgroße Makrelenfilets (je ca. 120 g) ⚜ ¼ gelber Paprika ⚜ ¼ roter Paprika ⚜ ½ Zucchini ⚜ ⅓ Melanzani ⚜ 3 Tomaten ⚜ Räucheröl zum Parfümieren

 ## VORBEREITUNG

Die Makrelenfilets halbieren und beidseitig leicht salzen. Die Filets zuerst auf der Haut braten, dann wenden und kurz auf der anderen Seite braten. Aus der Pfanne nehmen und auf einen Teller legen.

Für das Ratatouille Paprika, Zucchini und Melanzani in kleine Würfel schneiden, Tomaten blanchieren und in Eiswasser abschrecken. Tomaten schälen, in Viertel schneiden, entkernen und würfeln. Paprika, Zucchini und Melanzani scharf in einer beschichteten Pfanne anbraten, die Tomatenwürfel hinzufügen und mit Salz, Pfeffer und einer Prise Zucker würzen. Das Ratatouille vom Herd nehmen und ziehen lassen, da die Tomaten noch etwas Saft abgeben.

Risotto entsprechend dem Basisrezept zubereiten.

 ## ZUBEREITUNG

Den noch körnigen Reis vom Basisrezept direkt weiterverarbeiten oder den vorbereiteten vom Blech nehmen und in einem Topf unter Zugabe von Gemüsefond wieder anwärmen. So lange köcheln lassen, bis er al dente (bissfest) ist. Bei Bedarf immer wieder mit etwas Gemüsesuppe auffüllen.
Die Butter und den Käse nach und nach dazugeben, mit Salz und Pfeffer würzen.

 ## ANRICHTEN

Die Makrelenfilets für 3 Minuten bei 160° C ins Backrohr geben.
Das Ratatouille erwärmen.
Den Risotto in tiefen Tellern anrichten, mit zwei Esslöffeln Nockerln aus dem Ratatouille formen, auf dem Risotto platzieren, die halbierten Filets darüberlegen. Abschließend etwas Räucheröl über den Risotto träufeln.

RISOTTO MIT FENCHEL UND MANOURI

 ## ZUTATEN FÜR 4 PERSONEN

🌿 250 g Risottoreis 🌿 2 größere Jungzwiebeln 🌿 1 l Gemüsefond 🌿 ein Schuss Weißwein 🌿 60 g Grana Padano oder Parmesan, gerieben 🌿 80 g Butter 🌿 2–3 EL Olivenöl 🌿 Salz und Pfeffer aus der Mühle 🌿 1 Knolle Fenchel 🌿 150 g Manouri-Frischkäse oder Feta 🌿 50 g halbgetrocknete Tomaten, in Streifen geschnitten 🌿 2 EL Zitronensaft 🌿 1 TL Staubzucker 🌿 2 EL griechisches Joghurt

 ## VORBEREITUNG

Fenchel waschen, putzen, vierteln und in feine Streifen schneiden. In etwas Zitronensaft, Salz, Pfeffer, Staubzucker und Olivenöl marinieren, durchkneten und 30 Minuten ziehen lassen.

Manouri auf einer groben Reibe reiben und mit etwas Joghurt und Olivenöl leicht cremig rühren.

Risotto entsprechend dem Basisrezept zubereiten.

 ## ZUBEREITUNG

Den noch körnigen Reis vom Basisrezept direkt weiterverarbeiten oder den vorbereiteten vom Blech nehmen und in einem Topf unter Zugabe von Gemüsefond wieder anwärmen. So lange köcheln lassen, bis der Reis beinahe al dente (bissfest) ist. Die Tomatenstreifen, Butter und den Käse beimengen. Unter Beigabe des Gemüsefonds den Risotto fertigstellen, bis er eine leicht cremige Konsistenz erreicht hat.

 ## ANRICHTEN

Den Risotto in tiefen Tellern anrichten. Mit dem Fenchel belegen und ein Nockerl von der Manouri-Joghurt-Mischung darauf setzen.

RISOTTO MIT BÄRLAUCH UND GARNELEN

 ## ZUTATEN FÜR 4 PERSONEN

♛ **250 g** Risottoreis ♛ **2** größere Jungzwiebeln ♛ **1 l** Gemüsefond ♛ **ein Schuss** Weißwein ♛ **60 g** Grana Padano oder Parmesan, gerieben ♛ **80 g** Butter ♛ **2-3 EL** Olivenöl ♛ Salz und Pfeffer aus der Mühle ♛ **100 g** Bärlauch, in feine Streifen geschnitten ♛ **12** Garnelen mit Schale ♛ **ein nussgroßes Stück** Butter ♛ etwas Zitronensaft ♛ **2 Zehen** Knoblauch (nach Geschmack)

 ## VORBEREITUNG

Risotto entsprechend dem Basisrezept zubereiten.

 ## ZUBEREITUNG

Den noch körnigen Reis vom Basisrezept direkt weiterverarbeiten oder den vorbereiteten vom Blech nehmen und in einem Topf unter Zugabe von Gemüsefond wieder anwärmen. So lange köcheln lassen, bis der Reis beinahe al dente (bissfest) ist. Käse und Butter nach und nach dazugeben. Mit Bärlauch, Salz und Pfeffer aus der Mühle abschmecken. Unter Beigabe des Gemüsefonds den Risotto fertigstellen, bis er eine leicht cremige Konsistenz erreicht hat.

Garnelen halbieren und den Darm entfernen. Etwas Olivenöl in einer Teflonpfanne erhitzen, Garnelen darin mit der Schale nach unten ca. 2 Min. anbraten. Die Butter, Zitronensaft und Knoblauch beigeben und aufschäumen lassen.

 ## ANRICHTEN

Risotto in tiefen Tellern anrichten, gebratene Garnelen darauf legen und sofort servieren!

RISOTTO MIT BIRNEN, WASABI UND SUSHI-THUNFISCH

 ## ZUTATEN FÜR 4 PERSONEN

🌸 250 g Risottoreis 🌸 2 größere Jungzwiebeln 🌸 1 l Gemüsefond 🌸 **Schuss** Weißwein 🌸 60 g Grana Padano oder Parmesan, gerieben 🌸 80 g Butter 🌸 **2–3 EL** Olivenöl 🌸 Salz und Pfeffer aus der Mühle 🌸 **1 EL** Wasabipaste 🌸 2 Birnen, geschält und gewürfelt 🌸 200 g Sushi-Thunfisch im Ganzen

 ## VORBEREITUNG

Risotto entsprechend dem Basisrezept zubereiten. Den Thunfisch auf allen Seiten ganz kurz anbraten.

 ## ZUBEREITUNG

Den noch körnigen Reis vom Basisrezept direkt weiterverarbeiten oder den vorbereiteten vom Blech nehmen und in einem Topf unter Zugabe von Gemüsefond wieder anwärmen. So lange köcheln lassen, bis der Reis beinahe al dente (bissfest) ist. Wasabi, Birnenwürfel, Käse und Butter nach und nach dazugeben. Mit Salz und Pfeffer aus der Mühle abschmecken.

 ## ANRICHTEN

Risotto in tiefen Tellern anrichten, den noch fast rohen Thunfisch in Scheiben schneiden und diese dekorativ auf den Risotto legen.

RISOTTO MIT JAKOBSMUSCHELN UND ROSA GRAPEFRUIT

 ## ZUTATEN FÜR 4 PERSONEN

🌼 250 g Risottoreis 🌼 2 größere Jungzwiebeln 🌼 1 l Gemüsefond 🌼 ein Schuss Weißwein 🌼 60 g Grana Padano oder Parmesan, gerieben 🌼 80 g Butter 🌼 2–3 EL Olivenöl 🌼 Salz und Pfeffer aus der Mühle 🌼 8 Jakobsmuscheln 🌼 1 rosa Grapefruit 🌼 ca. 40 Fäden Safran

 ## VORBEREITUNG

Den Fond auf ca. 90 Grad erhitzen (nicht aufkochen lassen), den Safran hinzugeben und 20 Minuten ziehen lassen. Den grünen Teil der Jungzwiebeln entfernen, den weißen Teil in feine Würfel schneiden. In einem Topf Olivenöl leicht erhitzen, Jungzwiebeln zugeben und kurz glasig anschwitzen. Den Risottoreis einrühren und mit Weißwein ablöschen, etwas Gemüsefond zugießen. Unter ständigem Rühren den Reis beinahe halbfertig kochen, bei Bedarf immer wieder mit Gemüsefond aufgießen. Den noch körnigen Risotto auf ein Blech (ca. 2 bis 3 cm hoch) aufstreichen und kühl stellen.

Grapefruit schälen und die Filets herausschneiden. Die restliche Grapefruit auspressen und den Saft aufheben.

 ## ZUBEREITUNG

Reis in einem Topf unter Zugabe von Gemüsefond und des Grapefruitsaftes wieder anwärmen. Wenn der Reis beinahe al dente (bissfest) ist, den Käse und die Butter nach und nach dazugeben. Mit Salz und Pfeffer aus der Mühle abschmecken.
Die Jakobsmuscheln in Olivenöl glasig braten.

 ## ANRICHTEN

Risotto in tiefen Tellern anrichten, Jakobsmuscheln und Grapefruitfilets darauf legen.

RISOTTO MIT BÄRLAUCH UND LACHSFORELLE

 ## ZUTATEN FÜR 4 PERSONEN

🌿 250 g Risottoreis 🌿 2 größere Jungzwiebeln 🌿 1 l Gemüsefond 🌿 ein Schuss Weißwein 🌿 60 g Grana Padano oder Parmesan, gerieben 🌿 40 g Butter 🌿 2–3 EL Olivenöl 🌿 Salz und Pfeffer aus der Mühle 🌿 200 g Lachsforellenfilet

Für das Bärlauchpesto: 🌿 100 g Bärlauch 🌿 ⅛ l Olivenöl 🌿 Meersalz 🌿 25 g Pinienkerne

 ## VORBEREITUNG

Bärlauchpesto:
Bärlauch waschen und mit Meersalz, Olivenöl und den Pinienkernen ca. 2 Stunden kühl marinieren. Danach mit dem Stabmixer zu einem feinen Pesto mixen.

Risotto entsprechend dem Basisrezept zubereiten.

 ## ZUBEREITUNG

Den noch körnigen Reis vom Basisrezept direkt weiterverarbeiten oder den vorbereiteten vom Blech nehmen und in einem Topf unter Zugabe von Gemüsefond wieder anwärmen. So lange köcheln lassen, bis der Reis beinahe al dente (bissfest) ist. Das Pesto, die Butter und den Parmesan beimengen. Unter Beigabe des Gemüsefonds den Risotto fertigstellen, bis er eine leicht cremige Konsistenz erreicht hat. Die Lachsforellenfilets in kleinere Stücke schneiden, mit Salz und Pfeffer würzen und glasig anbraten.

 ## ANRICHTEN

Den Risotto in tiefen Tellern anrichten und die Lachsforellenstücke darauf legen.

 Um das Geschmackserlebnis des Gerichts noch vielfältiger zu machen, kann man zusätzlich noch ein Lachsforellentatar dazugeben.

ZUBEREITUNG TATAR:

100 g Lachsforelle häuten und fein hacken, mit 50 g Salatgurke (klein gewürfelt) vermischen. Mit einem Schuss Zitronensaft, 2 EL Joghurt, Olivenöl, Meersalz, Pfeffer, Schnittlauch und etwas Staubzucker abschmecken. Danach eine Stunde im Kühlschrank ziehen lassen.

RISOTTO MIT GEBRATENER HÜHNERLEBER UND ERBSEN

 ## ZUTATEN FÜR 4 PERSONEN

♛ 250 g Risottoreis ♛ 2 größere Jungzwiebeln ♛ 1 l Gemüsefond ♛ ein Schuss Weißwein ♛ 60 g Grana Padano oder Parmesan, gerieben ♛ 80 g Butter ♛ 2–3 EL Olivenöl ♛ Salz und Pfeffer aus der Mühle ♛ 200 g Hühnerleber ♛ etwas Butter zum Anbraten ♛ ein Schuss Portwein zum Ablöschen ♛ 100 g Tiefkühlerbsen ♛ ein kleiner Bund Majoran, abgezupft

 ## VORBEREITUNG

Risotto entsprechend dem Basisrezept zubereiten.

 ## ZUBEREITUNG

Den noch körnigen Reis vom Basisrezept direkt weiterverarbeiten oder den vorbereiteten vom Blech nehmen und in einem Topf unter Zugabe von Gemüsefond wieder anwärmen. So lange köcheln lassen, bis der Reis beinahe al dente (bissfest) ist. Bei Bedarf immer wieder mit etwas Gemüsesuppe auffüllen. Dann die Erbsen, die Butter und den Käse nach und nach dazugeben, mit Salz und Pfeffer würzen. Kurz vor dem Servieren mit Majoran vollenden.

Etwas Butter zerlassen, die Hühnerleber darin anbraten, mit Portwein ablöschen, mit Salz und Pfeffer abschmecken.

 ## ANRICHTEN

Risotto in tiefen Tellern anrichten, Hühnerleber darauf geben, mit frischem Majoran bestreuen.

ZUTATEN FÜR 4 PERSONEN

250 g Risottoreis ❀ 40 g Schalotten, gewürfelt ❀ 150 ml Weißwein ❀ ½ Knoblauchzehe ❀ ½ Chilischote ❀ ½ l Geflügelfond ❀ 20 g schwarze Oliven ❀ 2 kleine reife Avocados ❀ 150 g kleine Ölsardinen ❀ ½ Limette, Schale und Saft ❀ 1 El Petersilie, fein gehackt ❀ etwas Rucola zum Garnieren

ZUBEREITUNG

Schalottenwürfel im Öl der Ölsardinen glasig anschwitzen, Reis zufügen und anschwitzen, bis der Reis glasig ist. Mit Weißwein ablöschen, einkochen lassen, bis der gesamte Wein verkocht ist.

Geflügelfond erhitzen und den Reis damit ca. 1 cm hoch bedecken. Knoblauch und Chilischoten klein hacken und zum Reis geben.

Eine Avocado klein hacken, eine in Scheiben schneiden.

Risotto unter ständigem Rühren leicht köcheln lassen, dabei nach und nach mit heißem Fond auffüllen. Nach etwa 17 Minuten die klein gehackte Avocado, die Hälfte der Sardinen (ebenfalls klein gehackt) und die in Scheiben geschnittenen Oliven unterrühren. Mit Salz, Pfeffer, geriebener Limettenschale und Limettensaft abschmecken, Petersilie unterziehen.

ANRICHTEN

Risotto in tiefen Tellern anrichten, mit den restlichen Sardinen, Oliven und Avocadospalten garnieren. Noch ein paar marinierte Rucolablätter darüber streuen und servieren.

RISOTTO MIT SARDINEN UND AVOCADO

Von Christian Petz

RISOTTO NERO MIT GESCHMORTEM OKTOPUS UND CHORIZO

 ## ZUTATEN FÜR 4 PERSONEN

250 g Risottoreis ⚜ 2 Jungzwiebeln ⚜ 1 l Gemüsefond ⚜ ein Schuss Weißwein ⚜ 60 g Grana Padano oder Parmesan, gerieben ⚜ 80 g Butter ⚜ 2–3 EL Olivenöl ⚜ Salz und Pfeffer aus der Mühle ⚜ 2–3 EL Tintenfischtinte ⚜ 200 g frischer Oktopus ⚜ Thymian ⚜ 150 g Chorizo, klein gewürfelt ⚜ 1 EL Zitronensaft ⚜ 1 Lorbeerblatt ⚜ 150 g Wurzelgemüse, grob geschnitten

 ## VORBEREITUNG

Den Oktopus mit dem Wurzelgemüse, Thymian, Rosmarin, Meersalz und Lorbeerblatt in wenig Wasser (bedeckt) ca. 40 Minuten weich dünsten. Danach im Sud erkalten lassen. Haut entfernen und in Stücke schneiden. Die Chorizowürfel in einer Pfanne knusprig braten und das ausgetretene Fett weggeben, die Oktopusstücke kurz mitbraten.

Den Risotto entsprechend dem Basisrezept zubereiten – am besten während der Oktopus dünstet.

 ## ZUBEREITUNG

Den noch körnigen Reis vom Basisrezept direkt weiterverarbeiten oder den vorbereiteten vom Blech nehmen und in einem Topf unter Zugabe von Gemüsefond wieder anwärmen. So lange köcheln lassen, bis der Reis beinahe al dente (bissfest) ist. Die Tinte unterrühren. Dann die Butter und den geriebenen Käse beimengen. Unter Beigabe des Gemüsefonds den Risotto fertigstellen, bis er eine leicht cremige Konsistenz erreicht hat.

 ## ANRICHTEN

Die Oktopus-Chorizo-Mischung auf den angerichteten Risotto draufsetzen.

RISOTTO MIT ERDNUSSBUTTER, SPROSSENGEMÜSE UND SESAMGARNELEN

 ## ZUTATEN FÜR 4 PERSONEN

♛ 250 g Risottoreis ♛ 2 größere Jungzwiebeln ♛ 1 l Gemüsefond ♛ ein Schuss Weißwein ♛ 60 g Grana Padano oder Parmesan, gerieben ♛ 60 g Butter ♛ 2 EL Sesamöl ♛ Salz und Pfeffer aus der Mühle ♛ 2 EL Erdnussbutter ♛ 200 g Sprossenmix ♛ 8 Garnelen ♛ 1 Bund Koriandergrün ♛ Sesam, schwarz und weiß gemischt ♛ Sesamöl (zum Braten)

 ## VORBEREITUNG

Risotto entsprechend dem Basisrezept zubereiten. Zur Geschmacksoptimierung Sesamöl statt Olivenöl verwenden.

Sprossenmix in Sesamöl anbraten und den gehackten Koriander dazugeben.

 ## ZUBEREITUNG

Den noch körnigen Reis vom Basisrezept direkt weiterverarbeiten oder den vorbereiteten vom Blech nehmen und in einem Topf unter Zugabe von Gemüsefond wieder anwärmen. So lange köcheln lassen, bis der Reis beinahe al dente (bissfest) ist. Bei Bedarf immer wieder mit etwas Gemüsesuppe auffüllen. Erdnussbutter, Butter, Käse und Sprossen beimengen. Unter Beigabe des Gemüsefonds den Risotto fertigstellen, bis er eine leicht cremige Konsistenz erreicht hat.

Garnelen schälen, der Länge nach halbieren, Darm entfernen, in Sesam wälzen und in heißem Sesamöl glasig anbraten.

 ## ANRICHTEN

Risotto in tiefen Tellern anrichten, Garnelen darauf geben.

RISOTTO MIT ROSA KALBSSCHEIBEN, CALVADOS UND PECANNÜSSEN

 ZUTATEN FÜR 4 PERSONEN

- 250 g Risottoreis - 2 größere Jungzwiebeln, fein geschnitten - 1 l Gemüsefond - ein Schuss Weißwein - 60 g Grana Padano oder Parmesan, gerieben - 80 g Butter - 2–3 EL Olivenöl - Salz und Pfeffer aus der Mühle - 300 g Kalbsrücken (Bio-Qualität) - 2 Granny-Smith-Äpfel, in Würfel geschnitten - 50 ml Calvados - 2 Schalotten, fein geschnitten - 2 Knoblauchzehen - 1 TL Senfkörner - 1 Lorbeerblatt - Zitronenthymian - 2 EL Honig - 50 g Pecannüsse, gehackt - 3 EL Walnussöl

 VORBEREITUNG

Fond: Die Schalotten und den Knoblauch glasig anschwitzen, Lorbeerblatt, Zitronenthymian und Honig beigeben, karamellisieren lassen, mit Calvados ablöschen und mit Gemüsefond aufgießen. Danach ca. 20 Minuten lang einreduzieren lassen und abseihen.

Risotto entsprechend dem Basisrezept zubereiten.

 ZUBEREITUNG

Kalbsrücken mit Meersalz und Pfeffer würzen und scharf auf allen Seiten anbraten. Auf ein Backblech legen und im auf 120° C vorgeheizten Backofen (Ober- und Unterhitze) ca. 10 Minuten braten. Falls Sie einen Kerntemperaturfühler besitzen, sollte dieser ca. 58° bis 60° C erreichen. Danach das Fleisch in Alufolie wickeln und warm halten.

Den noch körnigen Reis vom Basisrezept direkt weiterverarbeiten oder den vorbereiteten vom Blech nehmen und in einem Topf unter Zugabe von Gemüsefond wieder anwärmen. So lange köcheln lassen, bis der Reis beinahe al dente (bissfest) ist. Butter, Apfelwürfel und Käse beimengen. Unter Beigabe des Fonds den Risotto fertigstellen, bis er eine leicht cremige Konsistenz hat.

Den Kalbsrücken in Scheiben schneiden. Die Pecannüsse im heißen Walnussöl kurz sautieren.

 ## ANRICHTEN

Den Risotto in tiefen Tellern anrichten, mit Pecannüssen bestreuen und die Kalbsrückenscheiben in die Mitte draufsetzen.

RISOTTO MIT SCHWARZWURZELN, DÖRRPFLAUMEN UND NÜSSEN

 ## ZUTATEN FÜR 4 PERSONEN

✤ 250 g Risottoreis ✤ 2 größere Jungzwiebeln ✤ 1 l Gemüsefond ✤ ein Schuss Weißwein ✤ 60 g Grana Padano oder Parmesan, gerieben ✤ 80 g Butter ✤ 2–3 EL Olivenöl ✤ Salz und Pfeffer aus der Mühle ✤ 200 g Schwarzwurzeln ✤ 100 g Dörrpflaumen, geviertelt ✤ 100 g Nussmix (Walnüsse, Mandeln, Haselnüsse), grob gehackt

 ## VORBEREITUNG

Risotto entsprechend dem Basisrezept zubereiten.

Die Schwarzwurzeln waschen, schälen und in gleichmäßig große Stücke schneiden. In kochendem Wasser bissfest blanchieren (dauert ca. 5 Minuten).

 ## ZUBEREITUNG

Den Nussmix in einer trockenen Pfanne (ohne Öl) anrösten.

Den noch körnigen Reis vom Basisrezept direkt weiterverarbeiten oder den vorbereiteten vom Blech nehmen und in einem Topf unter Zugabe von Gemüsefond wieder anwärmen. So lange köcheln lassen, bis der Reis beinahe al dente (bissfest) ist. Butter, Käse und Schwarzwurzeln beimengen. Mit dem restlichen Gemüsefond den Risotto fertigstellen, bis er eine leicht cremige Konsistenz hat.

 ## ANRICHTEN

Den Risotto in tiefen Tellern anrichten und die Nüsse mit den Dörrpflaumen in die Mitte setzen.

ZUTATEN FÜR 4 PERSONEN

🜲 250 g Risottoreis 🜲 2 größere Jungzwiebeln 🜲 1 l Gemüsefond 🜲 **ein Schuss** Weißwein 🜲 60 g Grana Padano oder Parmesan, gerieben 🜲 80 g Butter 🜲 2–3 EL Olivenöl 🜲 Salz und Pfeffer aus der Mühle 🜲 5 Pfirsiche 🜲 250 ml Weißwein 🜲 ca. 30 g frische Minzblätter, in feine Streifen geschnitten (einige Blätter als Deko zurückbehalten) 🜲 5 EL Kristallzucker

RISOTTO MIT PFIRSICH UND MINZE

 ## VORBEREITUNG

2 Pfirsiche klein schneiden und in einem Topf mit Zucker, Weißwein und 3 EL Olivenöl weich köcheln lassen. Die restlichen 3 Pfirsiche in Würfel schneiden. Den gedünsteten Pfirsich mit einem Stabmixer fein mixen. Die rohen Würfel dazugeben und einmal aufkochen lassen. Abschmecken und bis zum Anrichten im Topf ziehen lassen.

Risotto entsprechend dem Basisrezept zubereiten.

 ## ZUBEREITUNG

Den noch körnigen Reis vom Basisrezept direkt weiterverarbeiten oder den vorbereiteten vom Blech nehmen und in einem Topf unter Zugabe von Gemüsefond wieder anwärmen. So lange köcheln lassen, bis der Reis beinahe al dente (bissfest) ist. Bei Bedarf immer wieder mit etwas Gemüsefond auffüllen. Dann Butter, Minze und den Käse nach und nach dazugeben, mit Salz und Pfeffer würzen.

 ## ANRICHTEN

Risotto in tiefen Tellern anrichten, Pfirsichragout darauf geben und mit Minze garnieren.

RISOTTO MIT VANILLE UND SCHWARZER TRÜFFEL

 ## ZUTATEN FÜR 4 PERSONEN

☙ 250 g Risottoreis ☙ 2 größere Jungzwiebeln ☙ 1 l Gemüsefond ☙ ein Schuss Weißwein ☙ 60 g Grana Padano oder Parmesan, gerieben ☙ 80 g Butter ☙ 2–3 EL Olivenöl ☙ Salz und Pfeffer aus der Mühle ☙ 1 Vanilleschote ☙ 125 ml Weißwein ☙ 8 EL Zucker ☙ 1 schwarze Trüffel

 ## VORBEREITUNG

Vanilleschote der Länge nach halbieren und mit einem Messer das Mark gut auskratzen. Mit etwas Zucker auf einem Brett vermischen. Den Weißwein in einem Topf aufkochen lassen, den Vanillezucker dazugeben und mit der Schote ziehen lassen.

Risotto entsprechend dem Basisrezept zubereiten.

 ## ZUBEREITUNG

Den noch körnigen Reis vom Basisrezept direkt weiterverarbeiten oder den vorbereiteten vom Blech nehmen und in einem Topf unter Zugabe von Gemüsefond wieder anwärmen. So lange köcheln lassen, bis der Reis beinahe al dente (bissfest) ist. Bei Bedarf immer wieder mit etwas Gemüsesuppe auffüllen. Dann die Vanillereduktion, die Butter und den Käse nach und nach dazugeben, würzen.

 ## ANRICHTEN

Die Trüffel mit einer Bürste putzen und mithilfe eines Trüffelhobels über den Risotto reiben.

RISOTTO MIT SAFRAN UND MEERESFRÜCHTEN

 ## ZUTATEN FÜR 4 PERSONEN

♛ 250 g Risottoreis ♛ 2 größere Jungzwiebeln ♛ 1 l Gemüsefond ♛ ein Schuss Weißwein ♛ 60 g Grana Padano oder Parmesan, gerieben ♛ 80 g Butter ♛ 2–3 EL Olivenöl ♛ Salz und Pfeffer aus der Mühle ♛ ein Zweig Thymian, gehackt ♛ 100 g Muschelfleisch, gewürfelt (Miesmuscheln, Venusmuscheln) ♛ 4 Jakobsmuscheln ♛ 100 g Lachsfilet oder Thunfisch, je nach Geschmack ♛ Saft einer Zitrone ♛ ca. 40 Fäden Safran

 ## VORBEREITUNG

Den Gemüsefond auf ca. 90 Grad erhitzen (nicht aufkochen lassen), den Safran zugeben und ca. 20 Minuten ziehen lassen. Den grünen Teil der Jungzwiebeln entfernen, den weißen Teil in feine Würfel schneiden. In einem Topf Olivenöl leicht erhitzen. Jungzwiebeln zugeben, kurz glasig anschwitzen. Den Risottoreis einrühren, mit Weißwein ablöschen und etwas Gemüsefond zugießen. Unter ständigem Rühren den Reis beinahe halbfertig kochen, bei Bedarf immer wieder mit Gemüsefond aufgießen. Den noch körnigen Risotto gegebenenfalls auf ein Blech (ca. 2 bis 3 cm hoch) aufstreichen und kühl stellen oder gleich weiterverarbeiten.

 ## ZUBEREITUNG

Für das Meeresfrüchtesautée die Jakobsmuscheln vom Muskel auf der Seite befreien, die Fischfilets vom Bauchlappen befreien und in kleine Stücke schneiden. In einer Pfanne etwas Olivenöl erhitzen, die Muscheln und den Lachs darin sautieren. Thymian, Salz, Pfeffer und etwas Zitronensaft dazugeben, ca. 2 Minuten lang schwenken. Vom Thunfisch nur die rohen Würfel verwenden. Reis in einem Topf unter Zugabe von etwas Gemüsesuppe wieder anwärmen und so lange köcheln lassen, bis er al dente (bissfest) ist. Bei Bedarf immer wieder mit etwas Gemüsesuppe auffüllen. Dann die Butter und den Käse nach und nach dazugeben, mit Salz und Pfeffer würzen.

 ## ANRICHTEN

Das Sautée als Topping auf den Reis setzen und die rohen Thunfischwürfel darüberstreuen.

RISOTTO MIT GURKE UND RÄUCHERFORELLE

 ## ZUTATEN FÜR 4 PERSONEN

♣ 250 g Risottoreis ♣ 2 größere Jungzwiebeln ♣ 1 l Gemüsefond ♣ ein Schuss Weißwein ♣ 60 g Grana Padano oder Parmesan, gerieben ♣ 80 g Butter ♣ 2–3 EL Olivenöl ♣ Salz und Pfeffer aus der Mühle ♣ 120 g Räucherforelle ♣ 75 g Sauerrahm ♣ 75 g Crème fraîche ♣ 5 ml Zitronensaft ♣ 10 g Schnittlauch ♣ ½ Salatgurke

 ## VORBEREITUNG

Risotto entsprechend dem Basisrezept zubereiten.

Sauerrahm, Crème fraîche und Zitronensaft verrühren. Die Räucherforelle in kleine Würfel schneiden und in die Masse mischen. Mit Salz und Pfeffer abschmecken, Schnittlauch fein schneiden und untermengen.

Gurke mit dem Sparschäler schälen, danach der Länge nach halbieren. Mit dem Sparschäler dünne Gurkenstreifen schneiden. Diese einsalzen, vor dem Anrichten gut ausdrücken und in eine Schüssel geben. Mit etwas Olivenöl marinieren und abschmecken.

 ## ZUBEREITUNG

Den noch körnigen Reis vom Basisrezept direkt weiterverarbeiten oder den vorbereiteten vom Blech nehmen und in einem Topf unter Zugabe von Gemüsefond wieder anwärmen. So lange köcheln lassen, bis der Reis beinahe al dente (bissfest) ist. Bei Bedarf immer wieder mit etwas Gemüsesuppe auffüllen. Dann die Butter und den Käse nach und nach dazugeben, mit Salz und Pfeffer würzen.

 ## ANRICHTEN

Risotto in tiefen Tellern verteilen, darauf ein Nest aus Gurkenstreifen setzen und daneben ein Nockerl vom Räucherforellentatar anrichten.

RISOTTO MIT SPITZPAPRIKA, TALEGGIO UND ZUCCHINI

 ## ZUTATEN FÜR 4 PERSONEN

🍲 250 g Risottoreis 🍲 2 größere Jungzwiebeln 🍲 1 l Gemüsefond 🍲 ein Schuss Weißwein 🍲 40 g Grana Padano oder Parmesan, gerieben 🍲 100 g Butter 🍲 2–3 EL Olivenöl 🍲 Salz und Pfeffer aus der Mühle 🍲 je 1 rote und 1 gelbe Spitzpaprikaschote, in feine Würfel geschnitten 🍲 70 g Taleggio, in Stücke geschnitten 🍲 1 kleine Zucchini, in dünne Streifen geschnitten 🍲 Zitronensaft

 ## VORBEREITUNG

Risotto entsprechend dem Basisrezept zubereiten.

 ## ZUBEREITUNG

Zucchinistreifen mit Olivenöl, Zitronensaft, Salz und Pfeffer roh marinieren.

Den noch körnigen Reis vom Basisrezept direkt weiterverarbeiten oder den vorbereiteten vom Blech nehmen und in einem Topf unter Zugabe von Gemüsefond wieder anwärmen. So lange köcheln lassen, bis der Reis beinahe al dente (bissfest) ist. Käse, Butter, Taleggio und Paprikawürfel nach und nach dazugeben. Mit Salz und Pfeffer aus der Mühle abschmecken.

 ## ANRICHTEN

Risotto in tiefe Teller aufteilen, Zucchini darauf anrichten und sofort servieren!

RISOTTO MIT RADICCHIO, ORANGEN UND OLIVEN

 ## ZUTATEN FÜR 4 PERSONEN

♛ 250 g Risottoreis ♛ 2 Jungzwiebeln ♛ 1 Kopf Radicchio, in feine Streifen geschnitten ♛ 2 Orangen, filetiert ♛ ca. 50 g schwarze Oliven, entkernt und klein geschnitten ♛ ca. 1 l Gemüsefond ♛ ein Schuss Weißwein ♛ 60 g Grana Padano oder Parmesan, gerieben ♛ 100 g Butter ♛ ein Bund Petersilie ♛ 2-3 EL Olivenöl ♛ Salz und Pfeffer aus der Mühle

 ## VORBEREITUNG

Risotto entsprechend dem Basisrezept zubereiten.

 ## ZUBEREITUNG

Den noch körnigen Reis vom Basisrezept direkt weiterverarbeiten oder den vorbereiteten vom Blech nehmen und in einem Topf unter Zugabe von Gemüsefond wieder anwärmen. So lange köcheln lassen, bis der Reis beinahe al dente (bissfest) ist. Den Radicchio, die Oliven, den Käse und die Butter nach und nach dazugeben. Kurz vor dem Servieren mit den Orangenfilets vollenden.

RISOTTO MIT PORTWEINFOND UND GERÄUCHERTER ENTENBRUST

 ## ZUTATEN FÜR 4 PERSONEN

♣ 250 g Risottoreis ♣ 2 größere Jungzwiebeln ♣ **ein Schuss Rotwein** ♣ 60 g Grana Padano oder Parmesan, gerieben ♣ 80 g Butter ♣ 2–3 EL Olivenöl ♣ Salz und Pfeffer aus der Mühle ♣ **eine** geräucherte Entenbrust, in dünne Scheiben geschnitten

Für den Fond: ♣ 3 rote Zwiebeln ♣ Olivenöl ♣ 500 ml Portwein ♣ 250 ml Rotwein ♣ 250 ml Gemüsefond ♣ 4 EL Honig ♣ 1 Lorbeerblatt ♣ 2 Wacholderbeeren ♣ Thymian, Rosmarin, Senfkörner

 ## VORBEREITUNG

Portweinfond:
Zwiebeln schälen, in Streifen schneiden und in etwas Olivenöl anschwitzen. Honig dazugeben und karamellisieren lassen. Den Portwein, den Rotwein und den Gemüsefond mit den Gewürzen und Kräutern dazugeben und auf kleiner Flamme auf die Hälfte einreduzieren lassen. Danach abschmecken und passieren.

Den grünen Teil der Jungzwiebeln entfernen, den weißen Teil in feine Würfel schneiden. In einem Topf Olivenöl leicht erhitzen. Jungzwiebeln zugeben und kurz glasig anschwitzen. Den Risottoreis einrühren, mit Rotwein ablöschen und etwas Portweinfond zugießen. Unter ständigem Rühren den Reis beinahe halbfertig kochen, bei Bedarf immer wieder mit Portweinfond aufgießen. Den noch körnigen Risotto gegebenenfalls auf ein Blech (ca. 2 bis 3 cm hoch) aufstreichen und kühl stellen oder gleich weiterverarbeiten.

 ## ZUBEREITUNG

Den Reis in einem Topf unter Zugabe von Portweinfond wieder anwärmen. Wenn der Reis beinahe al dente (bissfest) ist, Butter und Käse beimengen. Unter Beigabe des Portweinfonds den Risotto fertigstellen, bis er eine leicht cremige Konsistenz hat.

 ## ANRICHTEN

Risotto in Tellern anrichten, Entenbrustscheiben darauf legen.

RISOTTO MIT GESCHMOLZENEN UND GETROCKNETEN PARADEISERN UND BÜFFELMOZZARELLA

 ## ZUTATEN FÜR 4 PERSONEN

- 250 g Risottoreis - 2 größere Jungzwiebeln - 1 l Gemüsefond - ein Schuss Weißwein - 60 g Grana Padano oder Parmesan, gerieben - 80 g Butter - 2-3 EL Olivenöl - Salz und Pfeffer aus der Mühle - 250 g Kirschparadeiser - 250 g getrocknete Paradeiser - 2 Kugeln Büffelmozzarella - ein Zweig Thymian - ein Zweig Rosmarin - 2 EL dunkler Balsamico - etwas Zucker

 ## VORBEREITUNG

Die getrockneten Paradeiser in kleine Würfel schneiden. Die Kirschparadeiser auf einen feuerfesten Teller geben und mit Balsamico, Zucker, Salz, Pfeffer und Olivenöl beträufeln. Die Kräuter darauf verteilen und in den auf 200° C Oberhitze vorgeheizten Backofen schieben. Herausnehmen, sobald sich die Haut leicht von den Paradeisern löst. Mozzarella in Scheiben schneiden.

Den Risotto entsprechend dem Basisrezept zubereiten.

 ## ZUBEREITUNG

Den noch körnigen Reis vom Basisrezept direkt weiterverarbeiten oder den vorbereiteten vom Blech nehmen und in einem Topf unter Zugabe von Gemüsefond wieder anwärmen. So lange köcheln lassen, bis der Reis beinahe al dente (bissfest) ist. Bei Bedarf immer wieder mit etwas Gemüsesuppe auffüllen. Die getrockneten Paradeiser, die Butter und den Grana nach und nach dazugeben, mit Salz und Pfeffer würzen.

 ## ANRICHTEN

Risotto in tiefen Tellern anrichten, die Kirschparadeiser und die Mozzarella auf den Reis geben.

RISOTTO MIT GARNELEN, AVOCADO UND CHORIZO

 ## ZUTATEN FÜR 4 PERSONEN

♛ 250 g Risottoreis ♛ 2 größere Jungzwiebeln ♛ 1 l Gemüsefond ♛ ein Schuss Weißwein ♛ 60 g Grana Padano oder Parmesan, gerieben ♛ 80 g Butter ♛ 2–3 EL Olivenöl ♛ Salz und Pfeffer aus der Mühle ♛ 8 Garnelen ♛ 1 Knoblauchzehe, in Scheiben geschnitten ♛ 1 Avocado ♛ 1 Zitrone ♛ 1 EL Joghurt ♛ 150 g Chorizo (im Ganzen)

 ## VORBEREITUNG

Risotto entsprechend dem Basisrezept zubereiten.

 ## ZUBEREITUNG

Die Avocado schälen und vom Kern befreien, eine Hälfte der Avocado klein hacken und sofort den Saft der Zitrone darüber träufeln. Salzen, pfeffern, Olivenöl und Joghurt dazugeben und abschmecken, kalt stellen. Die andere Hälfte der Avocado in Scheiben schneiden. Die Garnelen bis zum Schwanz von der Schale befreien, längs halbieren und den Darm entfernen. Chorizo in 5 mm große Würfel schneiden, in einer Pfanne mit etwas Öl anrösten. Chorizo durch ein Sieb vom Öl trennen, das Öl aber aufbewahren.

Den noch körnigen Reis vom Basisrezept direkt weiterverarbeiten oder den vorbereiteten vom Blech nehmen und in einem Topf unter Zugabe von Gemüsefond wieder anwärmen. So lange köcheln lassen, bis der Reis beinahe al dente (bissfest) ist. Die Chorizowürfel, die Butter und den Käse beimengen. Unter Beigabe des Gemüsefonds den Risotto fertigstellen, bis er eine leicht cremige Konsistenz hat.

 ## ANRICHTEN

Die Garnelen im Chorizoöl mit Knoblauch kurz anbraten. Risotto in tiefen Tellern anrichten, die sautierten Garnelen und die Avocadospalten darauf setzen. Mithilfe eines Löffels Nockerl aus dem Avocadotatar formen und daneben setzen. Abschließend noch etwas Chorizoöl darüber träufeln.

BASILIKUM-RISOTTO MIT GEBEIZTER-LACHS-FORELLE

 ## ZUTATEN FÜR 4 PERSONEN

🌿 250 g Risottoreis 🌿 2 größere Jungzwiebeln 🌿 1 l Gemüsefond 🌿 ein Schuss Weißwein 🌿 2–3 EL Olivenöl (für den Risotto) 🌿 60 g Grana Padano oder Parmesan, gerieben 🌿 50 g Butter 🌿 300 g Lachsforellenfilet 🌿 150 ml Olivenöl (fürs Pesto) 🌿 Salz und Pfeffer aus der Mühle 🌿 1 Knoblauchzehe (in Olivenöl geschmort) 🌿 eine Handvoll Basilikumblätter

Für die Beize: 🌿 50 g Petersilie 🌿 ¼ Stange Sellerie 🌿 ¼ Stange Lauch 🌿 20 g Dill 🌿 1 Orange 🌿 ½ Zitrone 🌿 1 Espressotasse Meersalz 🌿 1 Espressotasse Staubzucker 🌿 1 TL Koriandersamen 🌿 1 Espressotasse Olivenöl

 ## VORBEREITUNG

Schon am Vortag beginnen!

Beize:
Alle Zutaten für die Beize klein schneiden, Gewürze daruntermischen und 4 bis 5 Stunden ziehen lassen. Einen kleinen Teil davon am Boden eines passenden Geschirrs verteilen und die Fischfilets mit der Hautseite nach oben draufsetzen. Danach die restliche Beize darauf verteilen. Die Filets mit Klarsichtfolie abdecken und mit einem Topf oder Ähnlichem beschweren, 8 bis 10 Stunden im Kühlschrank durchziehen lassen. Die Filets danach von der Haut befreien und in dünne Tranchen schneiden.

Basilikumpesto:
Für das Basilikumpesto die Blätter mit dem Olivenöl, der Knoblauchzehe, Meersalz und etwas Käse zu einem feinen Pesto mixen.

 ## ZUBEREITUNG

Den noch körnigen Reis vom Basisrezept direkt weiterverarbeiten oder den vorbereiteten vom Blech nehmen und in einem Topf unter Zugabe von Gemüsefond wieder anwärmen. So lange köcheln

lassen, bis der Reis beinahe al dente (bissfest) ist. Den Käse und die Butter nach und nach dazugeben. Das Pesto unterrühren. Zum Schluss mit Salz und Pfeffer aus der Mühle abschmecken.

 ## ANRICHTEN

Den Fisch flächendeckend in Suppenteller legen und den heißen Risotto darauf verteilen. Durch die Wärme des Risottos wird der Lachs ganz leicht glasig gegart.

 Mit einer kleinen Handvoll Rucola kann man das Risotto garnieren, eventuell vorher mit Hansen-Dressing marinieren.

RISOTTO MIT ALGEN, ANANAS UND TEMPURAMUSCHELN

 ## ZUTATEN FÜR 4 PERSONEN

♣ **250 g** Risottoreis ♣ **2** größere Jungzwiebeln ♣ **1 l** Gemüsefond ♣ **ein Schuss** Weißwein ♣ **60 g** Grana Padano oder Parmesan, gerieben ♣ **80 g** Butter ♣ **2–3 EL** Olivenöl ♣ Salz und Pfeffer aus der Mühle ♣ **200 g** Miesmuscheln ♣ **½** Ananas, in Würfel geschnitten ♣ **1 Pkg.** Algen (vom Asia-Markt) ♣ **1 EL** Zucker ♣ Saft einer Zitrone ♣ **ein Zweig** Thymian ♣ **125 g** Tempuramehl ♣ **175 ml** Wasser ♣ Sesamöl zum Braten ♣ Erdnussöl zum Frittieren

 ## VORBEREITUNG

In einem Topf etwas Sesamöl erhitzen, Ananaswürfel mit Thymian und Zucker durchschwenken, mit Salz, Pfeffer und etwas Zitronensaft abschmecken.

Die Algen am besten mit einer Schere in Streifen schneiden. Für den Tempurateig das Tempuramehl mit Wasser glatt rühren, mit Salz, Pfeffer, Zitronensaft und gehacktem Thymian würzen. Erdnussöl in einer Pfanne erhitzen. Die Muscheln mit einer Pinzette in den Tempurateig tunken und direkt in das heiße Öl geben, goldbraun frittieren und anschließend auf Küchenpapier abtropfen lassen.

Risotto entsprechend dem Basisrezept zubereiten.

 ## ZUBEREITUNG

Den noch körnigen Reis vom Basisrezept direkt weiterverarbeiten oder den vorbereiteten vom Blech nehmen und in einem Topf unter Zugabe von Gemüsefond wieder anwärmen. So lange köcheln lassen, bis der Reis beinahe al dente (bissfest) ist. Den Käse und die Butter nach und nach dazugeben. Eine Minute vor dem Anrichten die Algen dazugeben.

 ## ANRICHTEN

Risotto in Tellern anrichten, das Ananasragout darauf verteilen und die knusprigen Muscheln zum Schluss darauf setzen.

PETERSIL-RISOTTO MIT WACHTEL-SPIEGELEI UND BETA-KAROTTEN

 ZUTATEN FÜR 4 PERSONEN

250 g Risottoreis ❦ 2 größere Jungzwiebeln ❦ 1 l Gemüsefond ❦ ein Schuss Weißwein ❦ 60 g Grana Padano oder Parmesan, gerieben ❦ 30 g Butter ❦ 2–3 EL Olivenöl ❦ Salz und Pfeffer aus der Mühle ❦ 2 Petersilwurzeln ❦ 2 Betakarotten ❦ 4 Wachteleier

Für das Pesto: ❦ 150 g Petersilie ❦ ⅛ l Olivenöl ❦ Meersalz

 VORBEREITUNG

Risotto entsprechend dem Basisrezept zubereiten.

Pesto: Die Petersilblätter vom Stiel abzupfen, mit Olivenöl und etwas Gemüsefond zu einem feinen Pesto mixen und mit Salz und Pfeffer abschmecken.

Die Petersilwurzeln schälen und in 5 mm große Würfel schneiden, in Salzwasser blanchieren.

 ZUBEREITUNG

Die Karotten schälen und mit Hilfe eines Sparschälers lange, dünne Streifen abhobeln, bis nur noch der innere Kern übrig bleibt. Anschließend in etwas Butter, Zucker und Gemüsefond glacieren.

Den noch körnigen Reis vom Basisrezept direkt weiterverarbeiten oder den vorbereiteten vom Blech nehmen und in einem Topf unter Zugabe von Gemüsefond wieder anwärmen. So lange köcheln lassen, bis der Reis beinahe al dente (bissfest) ist. Nach und nach die Petersilwürfel beimengen. Kurz vor dem Anrichten das Petersilpesto hinzufügen. Die Wachteleier in einer Pfanne aufschlagen und braten.

 ANRICHTEN

Risotto in tiefen Tellern anrichten, die Betakarotten als Nest in die Mitte setzen und abschließend das Wachtelei darauf setzen. Mit Salz und Pfeffer würzen.

RISOTTO MIT GEBRATENEM GEMÜSE UND ZIEGENKÄSE

 ## ZUTATEN FÜR 4 PERSONEN

⚜ 250 g Risottoreis ⚜ 2 größere Jungzwiebeln ⚜ 1 l Gemüsefond ⚜ ein Schuss Weißwein ⚜ 60 g Grana Padano oder Parmesan, gerieben ⚜ 80 g Butter ⚜ 2–3 EL Olivenöl ⚜ Salz und Pfeffer ⚜ ½ Zucchini ⚜ ½ Melanzani ⚜ 1 roter Paprika ⚜ 1 gelber Paprika ⚜ 100 g Ziegenkäserolle ⚜ 1 rote Zwiebel ⚜ Thymian, Rosmarin

 ## VORBEREITUNG

Risotto entsprechend dem Basisrezept zubereiten.

Zucchini und Melanzani in gleichmäßige Scheiben schneiden und in Olivenöl anbraten. Mit Thymian und Rosmarin würzen und warm stellen. Rote Zwiebel in Ringe schneiden, scharf anbraten und dazugeben.

Paprika längs vierteln, entkernen und in breite Streifen schneiden. In Olivenöl anbraten, würzen und ebenfalls warm stellen. Ziegenkäse in dickere Scheiben schneiden.

 ## ZUBEREITUNG

Den noch körnigen Reis vom Basisrezept direkt weiterverarbeiten oder den vorbereiteten vom Blech nehmen und in einem Topf unter Zugabe von Gemüsefond wieder anwärmen. So lange köcheln lassen, bis der Reis beinahe al dente (bissfest) ist. Die Butter und den Käse beimengen. Unter Beigabe des Gemüsefonds den Risotto fertigstellen, bis er von leicht cremiger Konsistenz ist.

 ## ANRICHTEN

Den Risotto in tiefen Tellern anrichten und das Gemüse und den Ziegenkäse geschichtet darauf setzen.

 Man kann das Gemüse auch vor dem Anrichten mit dem Käse auf ein Blech geben und im Backrohr kurz gratinieren.

GEMÜSE-RISOTTO MEDITERRAN MIT SCAMORZA

 ## ZUTATEN FÜR 4 PERSONEN

- 250 g Risottoreis
- 2 größere Jungzwiebeln
- 1 l Gemüsefond
- ein Schuss Weißwein
- 60 g Grana Padanp oder Parmesan, gerieben
- 80 g Butter
- 2-3 EL Olivenöl
- Salz und Pfeffer aus der Mühle
- ½ Zucchini
- ½ Melanzani
- ½ roter Paprika
- ½ gelber Paprika
- 16 frittierte Salbeiblätter zum Garnieren
- 200 g Scamorza (geräucherte Büffelmozzarella)

 ## VORBEREITUNG

Risotto entsprechend dem Basisrezept zubereiten.

Gemüse in Würfel schneiden und in etwas Olivenöl scharf anbraten, mit Salz und Pfeffer würzen.

 ## ZUBEREITUNG

Den noch körnigen Reis vom Basisrezept direkt weiterverarbeiten oder den vorbereiteten vom Blech nehmen und in einem Topf unter Zugabe von Gemüsefond wieder anwärmen. So lange köcheln lassen, bis der Reis beinahe al dente (bissfest) ist. Das Gemüse, die Butter und den Käse beimengen. Unter Beigabe des Gemüsefonds den Risotto fertigstellen, bis er eine leicht cremige Konsistenz hat.

 ## ANRICHTEN

Risotto in tiefen Tellern anrichten, Büffelmozzarella in Scheiben schneiden und darauf legen, mit den Salbeiblättern garnieren.

RISOTTO MIT SPARGEL UND LACHSTATAR

 ## ZUTATEN FÜR 4 PERSONEN

♛ 250 g Risottoreis ♛ 2 größere Jungzwiebeln ♛ 1 l Gemüsefond ♛ ein Schuss Weißwein ♛ 60 g Grana Padano oder Parmesan, gerieben ♛ 80 g Butter ♛ 2–3 EL Olivenöl ♛ Salz und Pfeffer aus der Mühle ♛ 750 g Spargel, weiß und grün gemischt ♛ 200 g frisches Lachsfilet ♛ 1 EL Zitronensaft ♛ 1 EL Joghurt ♛ Meersalz (Fleur de Sel) ♛ 1 TL Staubzucker ♛ 2 EL Schnittlauch, geschnitten

 ## VORBEREITUNG

Risotto entsprechend dem Basisrezept zubereiten.

Weißen Spargel schälen, vom grünen und vom weißen Spargel die Enden abschneiden. Getrennt in gesalzenem Wasser bissfest kochen, der weiße Spargel braucht etwas länger. Kalt abschrecken, in 1,5 cm lange Stücke schneiden.

Den Lachs häuten und fein hacken. Mit Zitronensaft, Joghurt, Olivenöl, Meersalz, Pfeffer, Schnittlauch und Staubzucker abschmecken und etwa 1 Stunde ziehen lassen. Wenn nötig, nachwürzen.

 ## ZUBEREITUNG

Den noch körnigen Reis vom Basisrezept direkt weiterverarbeiten oder den vorbereiteten vom Blech nehmen und in einem Topf unter Zugabe von Gemüsefond wieder anwärmen. So lange köcheln lassen, bis der Reis beinahe al dente (bissfest) ist. Den Spargel, den Käse und die Butter nach und nach beimengen. Unter Beigabe des Gemüsefonds den Risotto fertigstellen, bis er eine leicht cremige Konsistenz hat.

 ## ANRICHTEN

Den Spargelrisotto in tiefen Tellern anrichten und mit je einem Nockerl Lachstatar vollenden.

SCHWARZER RISOTTO MIT GEBRATENEM TINTENFISCH UND PAPRIKA

 ## ZUTATEN FÜR 4 PERSONEN

♛ 250 g schwarzer Risottoreis (aus dem Reformhaus) ♛ 2 Jungzwiebeln ♛ 1 l Gemüsefond ♛ 1 Rosmarinzweig ♛ 60 g Grana Padano oder Parmesan, gerieben ♛ 80 g Butter ♛ 2–3 EL Olivenöl ♛ Salz und Pfeffer aus der Mühle ♛ 8 Tintenfischtuben und Tentakeln ♛ 1 roter Paprika ♛ 1 Bund Kräuter nach Belieben

 ## VORBEREITUNG

Den grünen Teil der Jungzwiebeln entfernen, den weißen Teil in feine Würfel schneiden. In einem Topf Olivenöl leicht erhitzen. Jungzwiebeln zugeben und kurz glasig anschwitzen. Risottoreis einrühren, mit Weißwein ablöschen und etwas Gemüsefond zugießen, Rosmarin beigeben. Unter ständigem Rühren den Reis halbfertig kochen, bei Bedarf immer wieder mit Gemüsefond aufgießen. Den noch körnigen Risotto gegebenenfalls auf ein Blech (ca. 2 bis 3 cm hoch) aufstreichen und kühl stellen oder gleich weiterverarbeiten.

Paprika halbieren, entkernen und bei starker Oberhitze ins vorgeheizte Backrohr geben, bis die Haut schwarz wird. Danach abkühlen lassen, die Haut abziehen und Paprika in Streifen schneiden. Wenn nötig, die Tintenfische säubern und die Haut abziehen.

 ## ZUBEREITUNG

Die Tintenfische scharf in einer Pfanne mit Olivenöl und Kräutern sautieren und kurz bevor sie fertig sind die Paprikastreifen zugeben. Reis in einem Topf unter Zugabe von etwas Gemüsesuppe wieder anwärmen und so lange köcheln lassen, bis er al dente (bissfest) ist. Bei Bedarf immer wieder mit etwas Gemüsesuppe auffüllen. Dann die Butter und den Käse nach und nach dazugeben, mit Salz und Pfeffer würzen.

 ## ANRICHTEN

Risotto anrichten, Tintenfische und Paprika darauf setzen.

SÜSSES

SALAT

ZUM TAGESSTART

KREATIV

KLASSISCH

ÖSTERREICHISCH

ZUTATEN FÜR 4 PERSONEN

⚜ 750 ml Milch ⚜ 300 ml Gemüsefond ⚜ ½ weiße Zwiebel, fein gewürfelt ⚜ 150 g Polentagrieß ⚜ 40 g Parmesan oder Grana Padano, gerieben ⚜ 100 ml Olivenöl ⚜ 1 gelbe Paprika ⚜ 1 rote Paprika ⚜ Salz und Pfeffer aus der Mühle ⚜ Kümmel, gemahlen ⚜ je ein Zweig Thymian, Rosmarin ⚜ 50 g Butter ⚜ 120 g Lardo, in feine Scheiben geschnitten

GERÜHRTE POLENTA MIT PAPRIKA UND LARDO

 ## VORBEREITUNG

Paprika halbieren, weiße Häute und Kerne entfernen und mit der Innenseite nach unten auf ein mit Backpapier ausgelegtes Blech legen. Etwas Olivenöl darüber träufeln. Im vorgeheizten Backrohr (oberste Schiene) bei 200 Grad nur mit Oberhitze flämmen. Wenn die Haut schwarz ist und Bläschen bildet, auf einen kalten Teller legen und auskühlen lassen. Danach kann man die Haut sehr leicht abziehen. Paprika in feine Streifen schneiden.

Zwiebelwürfel in Butter anschwitzen, mit der Milch und dem Gemüsefond ablöschen. Kräuter und Gewürze dazugeben.

Sobald die Flüssigkeit aufkocht, Polentagrieß einrühren, bis eine cremige Masse entsteht. Thymian und Rosmarin wieder entfernen.

 ## ZUBEREITUNG

Zum Fertigstellen Butter, Paprikastreifen und Parmesan beigeben.

 ## ANRICHTEN

Die Polenta auf flachen Tellern anrichten und den Lardo drauflegen.

ROLLGERSTL MIT STECKRÜBE UND KONFIERTEM EIGELB

 ZUTATEN FÜR 4 PERSONEN

🌿 1 Zwiebel 🌿 250 g Rollgerste 🌿 800 ml Gemüsefond 🌿 1 Thymianzweig 🌿 verschiedene Kräuter (Thymian Salbei, Rosmarin, Estragon) 🌿 1 Lorbeerblatt 🌿 5 Wacholderbeeren 🌿 1 EL schwarze Pfefferkörner 🌿 1 mittelgroße Steckrübe (etwa 500 g) 🌿 4 Eigelb 🌿 200 ml Pflanzenöl 🌿 100 g Grana Padano oder Parmesan, gerieben 🌿 50 g Butter 🌿 Olivenöl 🌿 Salz und Pfeffer aus der Mühle

 VORBEREITUNG

Zwiebel würfelig schneiden und in Olivenöl anschwitzen, Rollgerste und Thymian hinzufügen. Gemüsefond nach und nach zugeben und einmal aufkochen lassen, anschließend zur Seite stellen und überkühlen lassen.

200 ml Pflanzenöl leicht erwärmen (60° C) und mit den Kräutern über Nacht aromatisieren. Lorbeerblatt, Pfefferkörner und Wacholderbeeren kurz vor der Weiterverarbeitung dazugeben.

 ZUBEREITUNG

Das Kräuteröl auf 60° C erhitzen (idealerweise im Backrohr), Eigelb vorsichtig einfließen lassen, sodass es heil bleibt. Mind. 2 Stunden bei 60° C konfieren, bis es cremig-flüssig ist. In der Zwischenzeit die Steckrübe schälen und mit Hilfe des Sparschälers lange, dünne Streifen abschälen, bis nur noch der Kern übrig bleibt.

Wenn das Eigelb die gewünschte Konsistenz hat, die Steckrübenstreifen in etwas Butter, Zucker und Gemüsefond glacieren. Das Rollgerstl mit etwas Gemüsefond, Käse und Butter cremig rühren, abschmecken.

 ANRICHTEN

Rollgerstl in einem tiefen Teller anrichten, die Steckrüben als Nest in die Mitte geben und je ein Eigelb darauf setzen.

CREMIGES EINKORN MIT WURZELGEMÜSE, SPECK UND BERGKÄSE

 ## ZUTATEN FÜR 4 PERSONEN

½ Zwiebel, fein geschnitten 2–3 EL Olivenöl 500 g Einkorn 750 ml Gemüsefond 1 Lorbeerblatt 1 Zweig Zitronenthymian 60 g Grana Padano, gerieben 1 Karotte 1 gelbe Rübe ½ Stange Sellerie 8 Scheiben Frühstücksspeck 40 g Bergkäse zum Anrichten 80 g Butter ½ Bund Schnittlauch

 ## ZUBEREITUNG

Zwiebel in Olivenöl anschwitzen, Einkorn zugeben und mit Gemüsefond ablöschen. Lorbeerblatt und Thymian zugeben und nach und nach mit Fond aufgießen, weitergaren.

Das Gemüse schälen und mit Hilfe von Schäler und Messer in dünne Streifen (Julienne) schneiden.

Den Speck knusprig ausbraten und abtropfen lassen. Das Fett in der Pfanne mit etwas Gemüsefond ablöschen, Gemüsejulienne zugeben und bissfest kochen.

Das Einkorn mit Gemüsefond, Butter und Grana cremig rühren.

 ## ANRICHTEN

Einkorn in einen Teller geben, Gemüsejulienne in die Mitte setzen, zwei Scheiben Speck darauf legen und nach Belieben Bergkäse darüber reiben. Schnittlauch frisch darüber streuen.

SALATE

 ## ZUTATEN FÜR 4 VORSPEISENSALATE

❧ 1–2 EL Himbeeressig ❧ 1 EL dunkler Balsamico ❧ 5 EL Wasser
❧ 1 gehäufter TL Staubzucker ❧ eine Prise Salz ❧ 1 TL Dijon-Senf
❧ 1 kleiner Zweig Rosmarin, gehackt ❧ 1 Zweig Thymian, gehackt
❧ 5 EL Olivenöl ❧ 3 EL Sonnenblumenöl ❧ 1 EL Walnussöl

 ## ZUBEREITUNG

Alle Zutaten bis auf die Öle mit einer Schneerute vermengen. Danach Öl in kleinen Mengen mit einem Stabmixer einrühren, damit ein sämiges Dressing entsteht.

 Das Dressing ist – gut verschlossen – im Kühlschrank mehrere Wochen haltbar.

HANSEN'S SALAT-DRESSING KLASSIK

BLATTSALAT MIT LEMONDRESSING & GEMÜSECHIPS

ZUTATEN FÜR 4 PERSONEN

🜲 50 g Zucker 🜲 1 EL Honig 🜲 6 Limetten 🜲 100 ml Gemüsefond 🜲 1 EL weißer Balsamico 🜲 Salz, schwarzer Pfeffer 🜲 50 ml Olivenöl 🜲 50 ml Sonnenblumenöl 🜲 1 Karotte 🜲 1 gelbe Rübe 🜲 ½ Sellerieknolle 🜲 1 Trüffelkartoffel oder speckige Kartoffel, gewaschen 🜲 Rapsöl zum Frittieren 🜲 150 g gemischter Blattsalat

LEMONDRESSING

Drei Limetten filetieren und die Limettenfilets extra aufbewahren. Von den restlichen Limetten Zesten reißen und den Saft auspressen. Den Zucker goldbraun karamellisieren lassen, Honig zugeben, mit Balsamico und dem gepressten Limettensaft ablöschen. Mit Gemüsefond aufgießen und einkochen lassen, bis sich das Karamell aufgelöst hat. Anschließend mit Salz und Pfeffer würzen.
Die Limettenfilets und die Zesten in ein Einweckglas geben, mit der heißen Flüssigkeit übergießen und verschließen.

GEMÜSECHIPS

Karotte, gelbe Rübe und Sellerie schälen, mit einer Brotschneidemaschine oder Mandoline in 1 mm breite Streifen schneiden – Vorsicht, unbedingt Fingerschutz verwenden! In heißem Wasser ca. 30 Sekunden blanchieren. Die ungeschälte Kartoffel ebenfalls in dünne Scheiben schneiden und in lauwarmes Wasser legen. Das Gemüse auf Haushaltspapier abtropfen lassen. Es sollte möglichst trocken sein, sonst spritzt es beim Ausbacken. Rapsöl auf 160° C erhitzen und Gemüsechips knusprig frittieren – ganz knusprig werden sie erst nach dem Abtropfen auf dem Papier.

ANRICHTEN

Salat mit Lemondressing kräftig marinieren und dann das Oliven- bzw. Kräuteröl großzügig darüberträufeln. Zum Schluß mit den Chips bestreuen.

SÄMIGES DRESSING MIT DIJON-SENF UND HONIG

 ZUTATEN FÜR 4 VORSPEISENSALATE

- 25 ml weißer Balsamico
- 1 EL Dijon-Senf
- 25 g Honig
- 50 ml Raps- oder Sonnenblumenöl
- 25 ml Olivenöl
- 10 ml Wasser
- Saft einer halben Orange
- Salz, Pfeffer

 ZUBEREITUNG

Alle Zutaten bis auf das Öl mit einer Schneerute verrühren. Danach das Öl in kleinen Mengen mit einem Stabmixer untermengen, sodass ein cremiges Dressing entsteht.
Mit Salz und Pfeffer abschmecken.

ASIA-DRESSING

 ZUTATEN FÜR 4 VORSPEISENSALATE

- 2 Stangen Zitronengras, klein geschnitten
- 50 g Ingwer, klein geschnitten
- 1 Knoblauchzehe, gehackt
- 30 ml dunkler Balsamico
- Saft einer Limette
- 50 ml Teriyaki-Sauce
- Saft einer Orange
- 100 ml Wasser
- 2 EL Honig
- 2 EL Sesamöl
- Korianderkörner
- ein Bund Koriandergrün

 ZUBEREITUNG

Etwas Sesamöl in die Pfanne geben, Ingwer, Korianderkörner, Knoblauch und Zitronengras anschwitzen. Den dunklen Balsamico, Limetten-, Orangensaft und Teriyaki-Sauce vermischen und zum Ablöschen verwenden. Etwas einreduzieren lassen, Honig und Wasser beigeben und kurz aufkochen lassen. Anschließend vom Herd nehmen und ziehen lassen. Sobald die Flüssigkeit abgekühlt ist, abseihen und das restliche Sesamöl sowie den frischen Koriander einmixen.

ZUTATEN FÜR 4 VORSPEISENSALATE

½ Bund Rucola ❦ ½ Bund Basilikum ❦ ½ Bund Petersilie ❦ ½ Bund Kerbel ❦ 30 g Pinienkerne ❦ 30 g Pecorino oder Grana Padano, gerieben ❦ 30 ml weißer Balsamico ❦ 60 ml Wasser ❦ 75 ml Olivenöl ❦ Salz, Pfeffer aus der Mühle ❦ Staubzucker

KRÄUTER-PESTO-DRESSING

ZUBEREITUNG

Alle Zutaten für das Dressing mit einem Stabmixer zu einer glatten Masse pürieren.

 Das Dressing ist – gut verschlossen und mit Olivenöl bedeckt – im Kühlschrank mehrere Wochen haltbar.

ZUM TAGESSTART

PORRIDGE MIT ÄPFELN, NÜSSEN UND INGWER

ZUTATEN FÜR 4 PERSONEN

- 80 g Honig
- 700 ml Milch
- 100 g Butter
- 350 g Haferflocken
- 160 g gemahlene Nüsse
- 2 Äpfel, gewürfelt
- 10 EL Apfelmus
- 1 kleines Stück Ingwer, frisch gerieben

ZUBEREITUNG

Milch, Honig und Butter aufkochen und etwas köcheln lassen. Haferflocken einrühren und ziehen lassen.

Anschließend Nüsse, Apfelwürfel, Ingwer und das Apfelmus hinzufügen, glatt rühren und abschmecken.

"SCHWARZALM" FRÜHSTÜCKSBREI

Von unseren lieben Freunden Karl und Pavlina Schwarz (Hotel Schwarzalm)

ZUTATEN FÜR 4 PERSONEN

- 400 ml Vollmilch
- 8 EL frisch gemahlener Dinkelschrot
- 4 EL Trockenobst, gehackt
- 1 TL geklärte Butter oder Butterflocken
- 2 Msp. Ingwerpulver
- 2 Msp. Zimtpulver
- 2 Msp. Kardamompulver
- 1 TL brauner Zucker

ZUBEREITUNG

Milch, Trockenfrüchte und Dinkelschrot in einem Topf unter Rühren erhitzen. Anschließend Butter, Zucker sowie die Gewürze beigeben und einmal kurz aufkochen lassen. Bei niedriger Hitze den Brei 4 bis 5 Minuten quellen lassen.

TIPP So wird der Glucosespiegel den ganzen Vormittag konstant gehalten.

HANSEN'S BIRCHER-MÜSLI

 ZUTATEN FÜR 4 PERSONEN

♛ 350 g Birchermüsli ♛ 350 g Milch ♛ 4 EL griechischer Joghurt ♛ 4 EL Sauerrahm ♛ 15 g Staubzucker ♛ 1 Apfel (vorzugsweise Boskop) ♛ Dessertobst nach Belieben zum Garnieren

 ZUBEREITUNG

Birchermüsli mit der Milch vermischen und über Nacht einweichen. Joghurt, Sauerrahm und Staubzucker glatt rühren. Apfel schälen und klein würfeln. Alle Zutaten verrühren und in kleinen Schüsseln mit dem restlichen Obst anrichten.

GRIESSKOCH MIT MARINIERTEN ERDBEEREN

 ZUTATEN FÜR 4 PERSONEN

♛ 0,75 l Milch ♛ 200 g Grieß ♛ 50 g Butter ♛ 50 g Zucker
♛ 250 g Erdbeeren ♛ 1 EL Grand Marnier ♛ Zucker nach Belieben
♛ 1 EL Zitronensaft ♛ Minze zum Dekorieren

 ZUBEREITUNG

Grießkoch:
Milch mit Grieß, Butter und Zucker aufkochen und danach ca. 5 Minuten unter ständigem Rühren quellen lassen.

Erdbeersalat:
Erdbeeren (je nach Größe) vierteln oder achteln und mit dem Grand Marnier, Zitronensaft und Staubzucker marinieren.

Grießkoch in einem tiefen Teller anrichten, die Erdbeeren mittig draufsetzen und mit Minze garnieren.

SÜSSES

SALAT

ZUM TAGESSTART

KREATIV

KLASSISCH

ÖSTERREICHISCH

MANGOPOLENTA MIT GEBACKENER BANANE UND KOKOSSCHAUM

ZUTATEN FÜR 4 PERSONEN

Für die Mangopolenta: 70 g Honig · 100 g Butter · 100 ml Kokosmilch · 600 ml Mangosaft · 150 g Polentagrieß · 1 Stange Zitronengras, geviertelt · 2 Limettenblätter

Für die gebackene Banane: 1 Banane · 1 Ei · etwas Mehl · Kokosflocken · Pankobrösel (vom Asia-Shop) · Kokosfett zum Backen

Für den Kokosschaum: 200 g Kokosmilch · 2 cl Bacardi · 25 g Zucker · einige Tropfen Limettensaft · 2 Blätter Gelatine · 1 iSi-Flasche · 2 iSi-Patronen

Zur Garnitur: 1 Mango oder 1 Kokosnuss

VORBEREITUNG

Für den Kokosschaum die Gelatine in kaltem Wasser einweichen. Kokosmilch, Bacardi, Zucker und Limettensaft zusammen leicht erwärmen (nicht aufkochen lassen), die ausgedrückte Gelatine zugeben und auflösen. In die isi-Flasche füllen und mindestens 2 Stunden kühl stellen.

ZUBEREITUNG

Die Banane längs vierteln und in Mehl, verquirltem Ei und einer Mischung aus Pankobröseln und Kokosflocken panieren. Für die Polenta alle Zutaten außer dem Maisgrieß aufkochen lassen. Maisgrieß einrieseln lassen und auf kleiner Flamme unter ständigem Rühren cremig einkochen. Noch warm auf Tellern anrichten.

Kokosfett in einer Pfanne erhitzen, die Bananenstücke darin schwimmend knusprig ausbacken und auf der Polenta anrichten.

Die iSi-Flasche nacheinander mit zwei Patronen füllen, Kokosschaum kurz vor dem Anrichten aufmixen und auf die Polenta geben. Als Garnitur eignen sich eine aufgeschnittene frische Mango oder frische Kokosflocken.

SÜSSES 141

MILCHREIS MIT APFEL-SAFRAN-RAGOUT

 ## ZUTATEN FÜR 4 PERSONEN

- 250 g Risottoreis (vorzugsweise Vialone Nano)
- 60 g Zucker
- 900 ml Milch
- 100 g Butter
- ½ Vanilleschote

Für das Ragout:
- 4 Stück säuerliche Äpfel (vorzugsweise Boskop)
- 150 ml Apfelsaft
- 10 Fäden Safran
- 30 g Zucker
- 30 g Pistazien
- 30 g Cranberries
- 2 EL Zitronensaft

 ## ZUBEREITUNG

Den Reis mit Milch, Zucker, Butter und Vanilleschote aufkochen lassen und auf kleiner Flamme unter Rühren fertig garen.

Für das Ragout zwei Äpfel schälen, achteln und mit dem Apfelsaft, Zitronensaft, Zucker und den Safranfäden weich kochen. Anschließend zu einem Mus pürieren.

Die restlichen zwei Äpfel schälen und in Spalten schneiden. Danach im Mus bissfest garen.

Den Milchreis in Tellern anrichten, Apfelragout darauf setzen und mit Pistazien und Cranberries bestreuen.

 Wenn man einen Teil der Milch durch Schlagobers ersetzt, wird der Reis noch vollmundiger!

WEIZENGRIESS-AUFLAUF AUF TRAUBEN-PECANNUSS-RAGOUT MIT PROSECCO-SABAYON

ZUTATEN FÜR 4 PERSONEN

Für den Auflauf: 150 ml Milch ⚜ 50 ml Schlagobers ⚜ 50 g Butter ⚜ 60 g Zucker ⚜ 75 g Weizengrieß ⚜ ½ Vanilleschote ⚜ 2 Eigelb ⚜ 2 Eiweiß ⚜ 1 Messerspitze Backpulver ⚜ 1 Messerspitze Salz ⚜ Abrieb von einer halben Orange ⚜ 30 g Mehl

Für das Trauben-Pecannuss-Ragout: ⚜ 80 g Honig ⚜ 200 g kernlose Trauben ⚜ 4 cl Grappa ⚜ 100 g Pecannüsse

Für das Prosecco-Sabayon: ⚜ 100 ml Prosecco ⚜ 20 g Staubzucker ⚜ 1 Ei ⚜ 1 Eigelb

ZUBEREITUNG

Weizengrießauflauf:
Milch, Obers, Butter und Vanilleschote aufkochen. Danach den Grieß einrühren, aufkochen lassen und ca. 5 Minuten ziehen lassen. Anschließend abkühlen lassen.

In die lauwarme Grießmasse die Eigelbe und das Mehl unterheben. Backpulver, Salz und Orangenabrieb hinzufügen. Das Eiweiß aufschlagen, unter die Grießmasse heben und in 4 ausgefettete Dariolformen (kleine Backformen) abfüllen. Bei 160° C etwa 15 Minuten goldgelb backen.

Trauben-Pecannuss-Ragout:
Für das Ragout den Honig in einem Topf bei mittlerer Hitze etwas karamellisieren, die Nüsse beigeben und mit Grappa ablöschen. Die Trauben dazugeben und kurz mitschwenken.

Sabayon:
Alle Zutaten im Schneekessel über einem Wasserbad schaumig aufschlagen.

ANRICHTEN

Den gebackenen Auflauf auf dem lauwarmen Ragout anrichten und mit Sabayon überdecken.

SCHOKO-LADENREIS MIT ORANGEN-RAGOUT

 ## ZUTATEN FÜR 4 PERSONEN

Für den Milchreis: ⚜ 60 g Risottoreis ⚜ 1 EL Butter ⚜ 700 ml Milch ⚜ 1 EL Kristallzucker ⚜ 100 g dunkle Orangenschokolade (70 % Kakaogehalt) ⚜ ca. 5 EL Schlagobers

Für das Orangenragout: ⚜ 1 EL Kristallzucker ⚜ 5 cl Cointreau ⚜ 125 ml frisch gepresster Orangensaft ⚜ Schale einer unbehandelten Orange ⚜ etwas Maizena zum Abbinden ⚜ Filets von 3 Orangen

 ## ZUBEREITUNG

Butter und Kristallzucker karamellisieren, Reis rasch unter den Karamell rühren und sofort mit etwas Milch ablöschen, dabei ständig rühren. Immer wieder mit Milch aufgießen, bis der Reis weich ist – wie bei der Risottozubereitung. Kurz vor der Fertigstellung die Schokolade in Stücken sowie das Obers unterrühren.

Für das Orangenragout Zucker im Topf bei mittlerer Hitze karamellisieren, mit Cointreau ablöschen und mit Orangensaft aufgießen. Orangenschale zugeben, einreduzieren lassen. Maizena in einigen Tropfen Wasser glatt rühren, beifügen und mit der Schneerute einrühren. Die Orangenfilets dazugeben, vom Herd nehmen und kühl stellen.

 ## ANRICHTEN

Risotto in tiefen Tellern anrichten, Orangenragout darauf geben.

REGISTER

Algenrisotto mit Ananas und Tempuramuscheln	110
Apfel-Safran-Ragout auf Milchreis	142
Asia-Dressing	132
Avocadorisotto mit Sardinen	85
Bärlauchrisotto mit Lachsforelle	78
Basilikumrisotto mit gebeizter Lachsforelle	108
Birchermüsli à la Hansen	136
Birnenrisotto mit Radicchio und Dolcelatte	68
Birnenrisotto mit Wasabi und Sushi-Thunfisch	74
Blattsalat mit Lemondressing und Gemüsechips	130
Blauschimmelkäserisotto mit Quitte	61
Calvadosrisotto mit rosa Kalbsscheiben und Pecannüssen	90
Chorizorisotto mit Garnelen und Avocado	107
Curryrisotto mit Sprossen und Butterfisch	65
Dressing auf Asia-Art	132
Dressing Klassik à la Hansen	129
Dressing mit Dijon-Senf und Honig	132
Dressing mit Kräutern und Pesto	133
Einkorn mit Wurzelgemüse, Speck und Bergkäse	125
Erbsenrisotto mit gebratener Hühnerleber	80
Erdnussbutter, Sprossengemüse und Sesamgarnelen, Risotto mit	89
Fenchelrisotto mit Manouri	72
Frühstücksbrei „Schwarzalm"	135
Garnelenrisotto mit Bärlauch	73
Gemüsefond	43
Gemüserisotto mediterran mit Scamorza	116
Grießauflauf auf Trauben-Pecannuss-Ragout mit Prosecco-Sabayon	145
Grießkoch mit marinierten Erdbeeren	137
Gurke und Räucherforelle, Risotto mit	98
Hansen's Birchermüsli	136
Jakobsmuschelrisotto mit rosa Grapefruit	76
Jungzwiebelrisotto mit Räucherlachs	69
Kohlrabirisotto mit Wasabi	64
Kräuterpestodressing	133
Kürbisrisotto mit Lauch und Kren	57
Makrele, Ratatouille und Räucheröl, Risotto mit	70
Mangopolenta mit gebackener Banane und Kokosschaum	141
Mediterranes Gemüserisotto mit Scamorza	116

Melonenrisotto mit Zitronengras und Sprossen	63
Milchreis mit Apfel-Safran-Ragout	146
Orangenragout auf Schokoladenreis	150
Paradeiserrisotto mit Büffelmozzarella	108
Perlhuhnrisotto mit rotem Curry und Mango	70
Petersilpestorisotto	53
Petersilrisotto mit Wachtelspiegelei und Betakarotten	117
Pfirsichrisotto mit Minze	97
Pilzrisotto	50
Polenta mit Mango, gebackener Banane und Kokosschaum	145
Polenta, gerührt, mit Paprika und Lardo	125
Porridge mit Äpfeln, Nüssen und Ingwer	139
Portweinrisotto mit geräucherter Entenbrust	107
Radicchio-Oliven-Risotto mit Orangen	105
Ratatouille-Risotto mit Makrele und Räucheröl	74
Räucherforelle und Gurke, Risotto mit	102
Risotto Nero mit geschmortem Oktopus und Chorizo	90
Rollgerstl mit Steckrübe und konfiertem Eigelb	126
Rote-Rüben-Risotto	55
Rote-Rüben-Risotto mit Waller	56
Safranrisotto mit Meeresfrüchten	101
Salat mit Lemondressing und Gemüsechips	134
Salatdressing auf Asia-Art	136
Salatdressing Klassik à la Hansen	133
Salatdressing mit Kräuterpesto	137
Salatdressing mit Dijon-Senf und Honig	136
Schokoladenreis mit Orangenragout	150
„Schwarzalm" Frühstücksbrei	139
Schwarzer Risotto mit gebratenem Tintenfisch und Paprika	122
Schwarzer Risotto mit geschmortem Oktopus und Chorizo	90
Schwarzwurzelrisotto mit Dörrpflaumen und Nüssen	96
Sesamgarnelenrisotto mit Erdnussbutter und Sprossengemüse	93
Spargelrisotto mit Lachstatar	121
Spargelrisotto mit Zitronenmelisse	49
Spitzpaprikarisotto mit Taleggio und Zucchini	104
Vanillerisotto mit schwarzer Trüffel	98
Weizengrießauflauf auf Trauben-Pecannuss-Ragout mit Prosecco-Sabayon	149
Ziegenkäserisotto mit gebratenem Gemüse	118

DANKE!

Ein riesiges Dankeschön an die Hansen-Küchencrew – Niko Hofbauer, Manfred Kotal, Daniel Fischer und Tina Fichtinger unter Leitung von Küchenchef Tom Frötsch –, ohne die dieses Buch nicht zustande gekommen wäre.

Vielen Dank an meine Freunde und Meisterköche Christian Domschitz und Christian Petz für ihre beiden Rezepte – beide übrigens ohne Käse und Butter und trotzdem hervorragend.

Danke auch Lederleitner Wien in der Römischen Markthalle für die gute Zusammenarbeit bei der fotografischen Umsetzung der Rezepte.

Leo Doppler

Foto: Nurith Wagner-Strauss

CLAUDIA PRIELER

Geboren im niederösterreichischen Waidhofen/Ybbs, lebt als freie Fotokünstlerin und Theaterfotografin (Studium der Theaterwissenschaft) in Wien. Zahlreiche Produktionsfotografien, CD-Cover und Publikationen in diversen Printmedien zählen zu ihrem Schaffen, wie auch Ausstellungen und Projekte im In- und Ausland. Zuletzt fotografiert: „Freunde, zu Tisch! Ideen für unkomplizierte Einladungen" von Leo Doppler (2012), „do re mi fa SOLE. 30 Jahre Wiener Musikleben zu Gast in Aki Nuredinis Ristorante" (2013), beide erschienen im echomedia buchverlag

LEO DOPPLER

Jahrgang 1965, geboren und aufgewachsen in Niederösterreich. Der Sommelier des Jahres 1988 eröffnete das Restaurant Hansen 1998 im Wiener Börsegebäude, gefolgt vom Restaurant Vestibül (2000), das nun von seiner Schwester Veronika geführt wird. Gemeinsam mit seiner Ehefrau Anita und den beiden Söhnen lebt er im Tullnerfeld und in Wien. 2014 wurde er gemeinsam mit seiner Frau Anita von der Zeitschrift „Hotel & Touristik" zum Gastronomen des Jahres ausgezeichnet.

Aus dem Hansen-Team im Buch abgebildet:
Seite 56: Verena
Seite 62: Tom
Seite 82-83: oben Sharoukh und Manfred, unten Ivan und Tom

IMPRESSUM

ISBN 978-3-902900-32-6
2014 echomedia buchverlag ges.m.b.h.
Media Quarter Marx 3.2
A-1030 Wien, Maria-Jacobi-Gasse 1
Alle Rechte vorbehalten

Produktion: Ilse Helmreich
Produktionsassistenz: Brigitte Lang
Layout: Elisabeth Waidhofer
Fotos: Claudia Prieler
Lektorat: Tatjana Zimbelius
Herstellungsort: Wien

Besuchen Sie uns im Internet:
www.echomedia-buch.at